続

土佐ことば

独特の言語とその周辺

吉川義一

はじめに

私は一九九七年、満七十歳に達したのを期に、専門の土壌学にも〈お別れ〉をして、長年心に抱き続けてきた〈土佐ことば〉の蒐集を始め、楽しんできた。そして二〇〇六年に、蒐集記録に〈土佐ことば〉について綴った幾つかの雑文を加え、『土佐ことば雑記』と称する小著を、続いて二〇〇八年に、その続編を出版した。その後も、蒐集を続け、二〇一三年に、約六百の蒐集語を整理し、辞典風に纏めた『土佐ことば辞典』と、〈土佐ことば〉の特徴や古語とのつながり等を考察した『土佐ことば』の二著を出版した。『土佐ことば』には、私の〈土佐ことば〉に関する十五年間の蒐集・調査・考察の結論とも言うべき「優れた独特の言語」を副題に付けた。

四捨五入すれば九十歳という年齢を考え、『土佐ことば辞典』と『土佐ことば』の出版を、私の〈土佐ことば〉の蒐集・調査・考察の〈締め〉にするつもりであった。しかし、両著出版後も、〈土佐ことば〉は私の心を離れず、蒐集を続け、語意や語源を調べたり、考えたり、土佐生まれ育ちの妻と話し合ったり、また〈土佐ことば〉についての雑文を綴ったりして、楽しんできた。

本著は、私の〈土佐ことば〉に関する、蒐集・調査・考察の、文字どおり〈最終の締め〉として纏めたものである。土佐人の明るく開放的な気質と優れた言語感覚・創語力によって創られた、優れた独特の言語〈土佐ことば〉。その豊かさ・深さとおもしろさを、より明瞭に示そうと〈いちむじんに〉取り組んだ。

続 土佐ことば　目次

凡例

1　土佐の方言が主であるが、共通語であっても、土佐人の日々の暮らしのなかで、いきいきとした独特の役割を果たしていると考えられる語は〈土佐ことば〉とした。

2　〈じぢずづ〉の四つ仮名に係わる語は書き分けて示した。

3　次の書を参考書として用いた。

土居重俊・浜田数義編『高知県方言辞典』（高知市文化振興事業団・一九八五年）　方言辞典と略記

日本方言大辞典（小学館・一九八九年）

越谷吾山編（一七七五年）『物類称呼』（岩波文庫）

高村晴義著・桂井和雄抄編『明治大正時代国府村民俗語彙』（土佐史談会・一九六一年）　国府村民俗語彙と略記

竹村義一『土佐弁さんぽ』（高知新聞社・一九八五年）・『続 土佐弁さんぽ』（高知新聞社・一九九一年）

広辞苑（第四版・岩波書店）・大字典（講談社）

日本国語大辞典（小学館）　国語大辞典と略記

詳解古語辞典（明治書院）・古語辞典（旺文社）　古語辞典と略記

古語大辞典（小学館）・古語大辞典（角川書店）　古語大辞典と略記

4　古典における〈土佐ことば〉に関係のある用例は次の書から選んだ。

萬葉集・竹取物語・土左日記・枕草子・徒然草（以上・岩波文庫）・源氏物語（小学館版日本古典文学全集）・宇治拾遺物語（岩波書店版日本古典文学大系）・平家物語（岩波書店版新日本古典文学大系）・近松門左衛門集（朝日新聞社版日本古典選）・井原西鶴集（小学館版日本古典文学全集）・浄瑠璃・歌舞伎（角川書店版日本古典文学）・東海道中膝栗毛（岩波書店版日本古典文学大系）・佐成謙太郎『謡曲大観』（明治書院）

その他、古典の抄録・選書等から選んだ。辞書等記載の用例をそのまま用いるときは、（浄瑠璃・猫魔達 三）（国語大辞典）のように記した。

5　古典等から引用した用例は、文頭に・印を付し、〈土佐ことば〉の用例は「」の括りで示した。

第一章 〈土佐ことば〉とその周辺

〈土佐ことば〉は、土佐の風土と歴史に培われた独特の気質をもつ土佐人が、日々の暮らしの中で、長い歴史を経て創りあげた独特の優れた言語である。表現が豊かで、日々の暮らしや人間関係をいきいきと表し、また土佐人の陽気で開放的な気質に関係すると考えられるが、ユーモアに富む語が多い。

本章は、〈土佐ことば〉についての、これまでの調査・考察を基礎に、調査の対象を言語の周辺にまで広げ、土佐独特の言語文化と、これを創りあげた土佐人の、優れた言語感覚・創語力について考察した結果を纏めたものである。

1　いのちやま　命山
——村人の心と優れた言語感覚

旧香美《かみ》郡三島《みしま》村大字久枝《ひさえだ》（現高知龍馬空港滑走路の位置）に命山《いのちやま》と呼ばれた山があった。津波襲来や大洪水の際に、村民の避難場所になった山である。香南《こうなん》市夜須《やす》町坪井《つぼい》にも命山と呼ばれている山がある。

私は命山という呼称に、村民の津波などから命を守ってくれた、守ってくれる山に対する感謝と敬いの心とともに、土佐人独特の優れた言語感覚を感じる。

命を守る山

高知県の中部、物部《ものべ》川の下流の西に広がり、南は土佐湾に接する低地に、三島村という村があった。太平洋戦争のとき、村の大部分の土地を海軍航空隊用地として国に接収され、住民は村外へ移転させられ、閉村・消滅した村である。戦争が終わっても、三島村が復活することはなかった。

接収地は、現在、高知龍馬空港・高知大学農学部・高知工業高等専門学校の用地である。

三島村大字久枝、現在の高知龍馬空港の滑走路の位置に、標高一八・二メートル、周約五百メートルの、室岡山《むろおかやま》（久枝山《ひさえだやま》）という山があった。三島村唯一の山で、中腹に、南に面して、久枝の氏神で旧郷社の八幡宮が鎮座していた。祭神は応神天皇と神功皇后である。

室岡山は大地震による津波襲来の際、物部川の氾濫《はんらん》による大洪水の際の、村民の避難場所であった。宝永大地震（一七〇七年）・安政大地震（一八五四年）の際に襲来した大津波、文化十二年（一八一五年）、明治二十五年（一八九二年）の大洪水のとき、村民はこの山に避難して助かったと伝えられている。

江戸時代に「物部久枝は麦わらたすき、かけてたのみのない在所」という俗謡があったようである。当時の久枝村と、その北に隣接する物部村は、物部川の堤が切れて水害を受け易く、堤を頼りにできない部落ということを、切れ易い麦わらたすきに喩えて歌ったもののようである。津波襲来の間隔は長いが、物部川の氾濫による洪水は毎年のように起こったと考えられる。

室岡山は村民の命を守ってくれる大切な山で〈命山《いのちやま》〉と呼ばれ、また〈宝山《たからやま》〉とも呼ばれた。次のような記録がある。

「……宝永四年丁亥十月四日地震海溢ノ際　土人避ケテ此ニ登リ生命ヲ全フスルコトヲ得タリ　爾来寳山命山ノ称起ルト　蓋該山ハ災ヲ避クルノ寳山ニシテ　其命山ト云ハ之ニ由テ以テ生命ヲ全フスルノ謂ナリ……」

明治四十一・四十二年（一九〇八・〇九年）刊「大日本帝国陸地測量部・二万分の一地形図」（高知県立図書館蔵）には、室岡山は〈命山〉の名称で出ている。〈命山〉は海軍飛行場建設の際、壊されて平地化され、山は埋め立て資材になって、その姿を消した。

今後三十年以内に、南海地震の起こる確率は七十パーセントであるという。南国市の海岸地帯では、津波襲来に備えて多数の避難施設が建設されたが、命山という天然の避難場所があったということに、深い感慨をもって思いを致さざるを得ない。

旧三島村の命山は消えたが、外にも命山と称される山がある。香南市《こうなん》夜須町《やす》坪井《つぼい》に、標高二十七メートルの観音山《かんのんやま》があるが、この山も命山と呼ばれている。安政大地震の際、数度にわたり大津波が襲来したが、村民はこの山に駆け登り、数百人の命が助かったという。以来、この山は命山と呼ばれるようになった。昭和の大地震の際も村民はこの山へ避難したという。観音山の頂上には、安政三年(一八五六年)に建てられた、自然石の安政大地震津波の記念碑がある。「……食物・着用　手毎に引提け　此の山上へ持運ぶ　数百人相助　実に当山は命山と永賞致す也……」と刻まれている。

平成二十五年(二〇一三年)十二月に、静岡県袋井市で、津波から避難するための人工高台「平成の命山」が完成し、式典が開催されたという報道(高知新聞・十二月二十一日)があった。江戸時代の一六八〇年に、台風による高潮で、約三百人が犠牲になる被害があった。〈平成の命山〉という名称は、生き残った人たちがその後、周辺に〈命山〉と呼ばれた人工高台を造ったことに因んで付けられたという。

この報道から、〈命山〉は、土佐独自の名称とは言えないかもしれないが、命を守ってくれる、守ってくれた大切な山としての感謝・敬いと、大地震の際の子孫への避難の遺訓が込められた、心を打つ名称である。〈命山〉という呼称に、私は村民の心とともに、土佐人独特の優れた言語感覚を感じる。

注　次の書を参考にして記述した。
・南国市史編纂委員会編『南国市史資料　旧村誌編(2)三島村』(南国市教育委員会・一九八七年)
・山中弁幸『旧三島村の昔と今』(一九八三年)
・武市佐一郎『武市佐一郎集　第五巻　風俗事物編』(高知市民図書館・一九九五年)
・夜須町史編纂委員会編『夜須町史　上』(夜須町教育委員会・一九八四年)
・橋詰延寿『夜須町風土記』(夜須町・一九六八年)

命山・八幡宮の参道

写真は、妻の祖父、枝常𡹂吉《えだつねゆすきち》が、大正十四年(一九二五年)に、命山(室岡山)の八幡宮に鳥居を奉献したときの家族の記念写真である。𡹂吉は鳥居の柱に「世界平和祈」と刻んだ。正《まさ》に命山の神社にふさわしい祈願の刻字である。

鳥居の下に十一段、上に二十九段の石段があり、これを登った所の、石垣に囲まれた広場に社殿があった。命山に登る道は幾つもあったであろうが、この参道は津波襲来や大洪水の際の主要な避難路となり、村民は参道を駆け登り、神社前の広場に、あるいは更に上に避難したと思われる。

八幡宮は、海軍飛行場建設の際、接収地内にあった幾つかの神社とともに、接収を免れた村の南部の一角に移され、「三島神社」の名称で合祀された。𡹂吉寄進の鳥居も移設された。神域は海抜ゼロメートル地帯であり、神社は南海地震の津波の被害を受ける可能性が極めて高い。

「命山」と刻された観音山の碑

香南市夜須町坪井の集落の西端に観音山の登り口がある。山麓の道を少し登った所に、最近設置されたと思われる「海抜八メートル」の標示があり、そこから急な、約九十の石段の登り参道がある。

観音堂は山の頂上の平地にあり、平地の一隅に、自然石に刻まれた安政大地震津波の碑が建っている。碑の表面は風化し、刻字は読み取り難いが、傍に刻文を移した説明板がある。参道には手摺りと太陽光発電による街灯が設けられており、津波襲来の際の避難路として整備されているようである。

安政大地震津波の石碑

・・命ノ山と永賞・・の刻字の部分

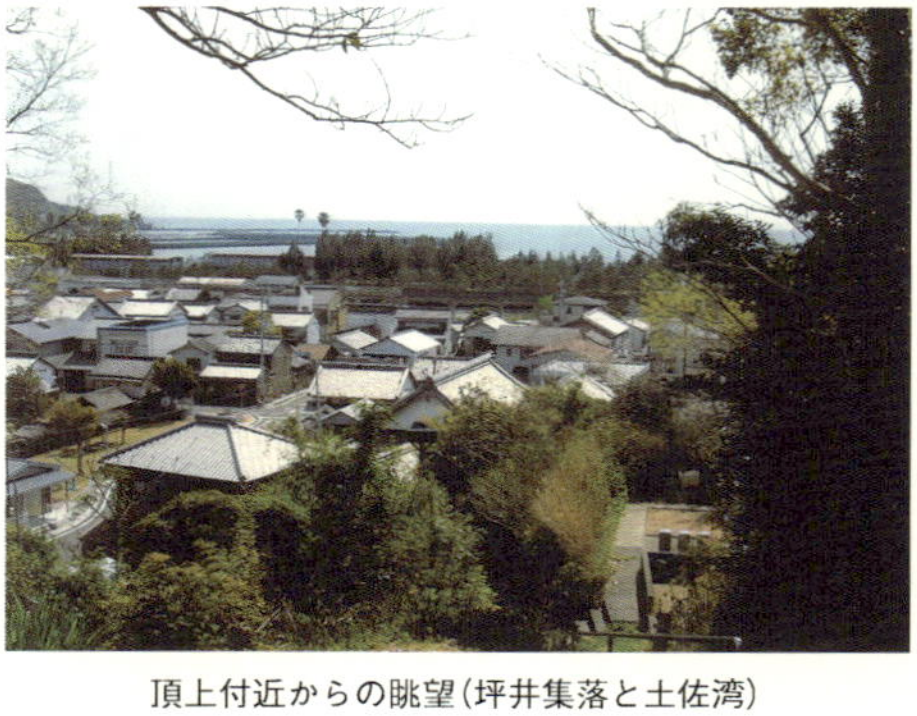

頂上付近からの眺望（坪井集落と土佐湾）

2　おんぢ　音地
——優れた創語力を感じさせる呼称

火山国である日本は、火山灰の風化によってできた土壌(火山灰土壌)が広く分布している。これらの土壌の呼称に、それぞれ方言があるが、〈音地(おんぢ)〉は、高知県に分布する火山灰土壌に対する独特の呼称、すなわち高知県の方言である。〈音地〉は土佐人の、独特の感性と優れた創語力を感じさせるユニークな呼称である。

私が高知大学在職中、研究対象に選んだことにもよるが、〈音地〉という名称に、私は強い愛着を感じている。

音地の分布

高知県には、火山灰の風化によって生成した音地(おんぢ)と呼ばれる土壌が分布している。鬼界カルデラ(鹿児島・種子島の近くの海底火山群)より噴出・飛来した火山灰に由来する土壌で、分布は九州に近いほど多くなるが、南国市周辺にも分布は見られる。

音地には、腐植《ふしょく》(土壌に含まれる暗色の高分子有機物)含量が低く、黄褐色ないし赤褐色の赤音地《あかおんぢ》と、腐植含量が高く、黒みを強く帯びた黒音地《くろおんぢ》がある。音地には、火山ガラスと呼ば

黒音地層（南国市陣山）

れる、薄いガラス質鉱物を含んでいるので、手にとって光にあてればキラキラ光る。

表層が黒音地、その下が赤音地というのが、標準的な音地層の型であるが、実際には水の作用による移動、非火山灰土壌との混合、山地の崩壊による埋没などの影響を受けて、音地の分布と堆積の状態は複雑である。

一般に九州に近くなるほど、音地の分布は多くなるが、南国市近辺でも音地の分布は見られる。例えば、香美市の土佐山田から西に、南国市長岡・後免に至る地域、土佐山田の物部川岸に沿う地域、香美市須江・植、南国市国分一帯、香南市の物部川左岸に沿う地域などの、洪積台地上の水田・畑・集落地の表層に、黒音地あるいは黒音地・非火山灰土壌の混合土壌が分布している。これらの地域で、表層に赤音地が現れていることは殆どないが、土木工事等で、その塊が地表に出ていることが稀に見られる。また切割り道路等で、黒音地・赤音地の成層断面が見られることがある。

音地という呼称

音地は鉱物組成に基因して、粘りけの少ない軽い土壌である。この土壌からなる畑地や土地を足で強く踏むと音がする、また冬は霜柱がたち易く、踏むと音がすることから〈音のする土地〉、あるいは作物生産力が低いことから〈雄（おん）の土地〉ということで、〈おんぢ〉と呼ばれるようになったと言われている。

音地と類似の火山灰土壌は全国各地に分布している。イモゴ（熊本）・ニガ（宮崎）・ホヤ（宮崎）・ボラ（鹿児島）・マサ（山梨・静岡）・関東ローム・ミソ土（長野・山梨）・鹿沼土（栃木・群馬）などと呼ばれている。

私は、これらの呼称と比較して、土佐のオンヂという呼称に、土佐人独特の感性と、優れた創語力を感じ、愛着を強くもっている。

3　イゴッソウ
——誉《ほ》め言葉か貶《けな》し言葉か

1　イゴッソウはどのように説明されているか

イゴッソウは、土佐の男性の一つの型を示す呼称である。方言辞典に、「頑固者。偏屈者。へそまがり」とある。また、「異骨相・威豪相・畏豪相・一刻相・依怙地性・異業僧・因業相などの字があてられ、これらが語源と関連がありそうだとも言われている」の記述がある。この項の(注)に、次のような田岡典夫氏の文章が引用されている。

イゴッソウは、強情もの、意地っぱり、頑固もの、拗ねもの、などを包容した上に、さらにプラスされたあるものがある。それは利害得失を無視するということだ。仮にイゴッソウを定義付けるとすれば「なんの利益ももたらさない事にも意地をはるのみか、それを主張すればするだけ自分の不利益になることでも、あえて主張してやまない強情もの」なのである。

『土佐弁さんぽ』の〈イゴッソー〉の項に、次のような記述がある。

語源は未詳であるが、形と語義が最も近い共通語はイコヂ(意地を張ってつまらないことに頑固なこと)であろう。イコヂ(意固地・依怙地)は意気地(イキヂ)の変化したものとも、依怙地(エコヂ)の変化したものともいう。意気地は自分の意志をどこまでも押し通そうとする気性で、イクヂともなる。イキヂは十七世紀の末ごろの用例があり、エコヂはつまらないことに頑固な、片意地なの意に、十九世紀の初めに使われている。……音韻的にはイキヂとエコヂが合わさってイコヂが生まれ、イコヂからイゴッソーあるいはイゴッが出来たのではなかろうか。「異骨相」を当てる説もあるが無理であろう。

イゴッソーは普通は、けなす方に使ってきた。しかし、ほめる意味に使うこともある。……

土佐のイゴッソーはイキヂの意志を押し通そうとする気性を父とし、エコヂの片意地な面を母として生まれてきたのではなかろうか。

2 語の成り立ちにEgoも関係があるのではないか

エゴイズム・エゴイストという語がある。ラテン語のEgoに由来する語で、導入された明治時代にはイゴイズム・イゴイストも使われた。エゴイズムは、本来、自己に忠実で自我の完全な実現を図る徹底した個人主義の意であるが、エゴイズム・エゴイストは、一般には利己主義・利己主義者と訳されている(小学館・日本百科大事典)。

イゴッソウという呼称は明治以降に生まれ、語の成り立ちに、エゴイズム(イゴイズム)・エゴイスト(イゴイスト)のエゴ(イゴ)も関係があるのではなかろうか。根拠のない推測であるが、偏った頑固な人の性質を表す、意固地・依怙地などの語に、エゴ、イゴなどの語が混交し、姿・ありさまを表す〈相〉を付け、イゴッソウという語が生まれたと、考えられないだろうか。

3　イゴッソウは人物評にどのように使われてきたか

土佐人の人物評に、イゴッソウがどのように使われてきたかを、見てみよう。

昭和の初めに新聞に連載され、その後出版された田中貢太郎著『旋風時代』(注1)には、板垣退助・後藤象二郎・中江兆民など、土佐出身の人物が多数登場し、土佐弁の会話が頻繁《ひんぱん》に出てくるが、イゴッソウという語は使われていない。

松山秀美著『放送土佐史談』(注2)には、江戸時代の漢学者・宮地静軒とその孫仲枝に、また中江兆民にイゴッソウを使っている。中江兆民の章に、次の文章がある。

> かつて岩崎男爵家から、同郷の誼を以て若干の金銭を贈ったことがございましたが、岩崎家に対しては衷心感激の涙を流しながら痩我慢を張って終にこれを辞退しています。金銭の前には操守もなく、主義主張も捨てる政治家の多い中に、かような純真な人物を発見するのは、土佐人として誠に誇るに足る人物と考える所でございます。
>
> 中江兆民は曠達不羈で、直言正論の士でございます。また土佐の所謂イゴッソウで、痩我慢が実に徹底しております。然しその中には、至誠があふれており、情熱がたぎっております。

高知県初の直木賞受賞作家、田岡典夫氏は、「嶺雲と私」(遺稿・注3)で、田岡嶺雲(叔父)の自叙伝「数奇伝《さっきでん》」にある次の文を引用して、嶺雲の思想・生き方の根に「イゴッソウ精神」があると記述している。

予は元来所謂主義を標榜して、故らに人と異を樹つることを好まない、人が自己の本領を操守することは固より之を美とせぬでは無いが、或主義を看板にした為め、其主義の弊処短処までをも意地になって固守せねばならぬ様な立場に立つことは予は厭だ、又自から主義を創めるので無くて、既存の或主義に没頭すれば、必ず其主義固有の型式に束縛せられねばならぬ、己れの思想は己れの往くべき所に往くべきである。何も敢て他人の造った型の中へ身を逼塞する必要はない。

予は何事をも自己一流の主義から裁断せんことを欲する、予に最も貴い者は我である。我を濾過せざる何の主義、何の説をも信ずることが出来ぬ。

上述の、方言辞典の「イゴッソウ」の項に付記されている田岡典夫氏のイゴッソウについての記述は「嶺雲と私」の中にあるものであるが、氏はイゴッソウの例として、立志社を設立し、副社長となった島地正存を挙げている。また次のように書いている。

馬場辰猪、植木枝盛、中江兆民、谷干城、牧野富太郎、そして近くは吉田茂。それぞれ色彩はちがうけれど、イゴッソウの血が流れていることは同じだ。イゴッソウを知らずして土佐人を語ることはできない。

田岡典夫氏の没後二十年に当たる平成十四年(二〇〇二年)に、高知新聞に氏の特集記事が組まれた。その中に、「愛すべきいごっそう」という見出しで、次の記事が掲載されている(注4)。

昭和五十七年、田岡典夫さんが七十三歳で亡くなったとき、交友のあった阿川弘之さんは、「愛すべきいごっそう」という言葉を贈った。〝いごっそう〟――それは田岡さんの文学の本領でもあったと言える。

田岡さんは叔父、田岡嶺雲に託して語っている。嶺雲の思想と文芸活動はめざましいものであったが、大逆事件の首謀者とされた幸徳秋水と親しかったこともあり、没後はほとんど忘れ去られた。が、嶺雲は生涯にわたって自己を偽ることがなかった。

「嶺雲の述べた『予に最も貴い者は我である』が、すなわちそれだ。……嶺雲は我を貴ぶがゆえに、『既存の主義に身を逼迫《ひっぱく》する』ことを拒絶した。盲従を憎み、付和雷同を賎《いや》しむからだ。まさしくイゴッソウである」

これは田岡さん自身の姿勢でもあっただろう。

また他方で、自らの作品について、「私の書くものは大衆小説だが、決して通俗小説ではない。より広い層に呼びかける物語性の多い小説を書くために、真剣に取り組んできたのだ」と述べている。あくまで大衆のための文学——そんな〝いごっそう〟精神を田岡さんは貫いた。

小野寺啓治著『書家川谷尚亭の生涯』(注5)に次の記述がある。

個を尊び俗世から脱して名誉を求めず、純粋に学書するという喜びを多くの人に教え、書の美を分かち与えることに徹した。それだけ崇高な、土佐のいごっそうだったのである。

高知県立五台山公園の一隅に、昭和初期に内閣総理大臣を勤め、「ライオン宰相」と呼ばれた高知県出身の政治家・浜口雄幸氏の銅像と氏の顕彰碑が建立されているが、碑に次のような刻文がある。

……山形県収税長を振り出しに若き官僚の活躍が始まったが　上司と衝突　一歩も譲らない異骨相ぶりが嫌われたのか　以後地方を転々と回ることになる……

これらの文章では、名利を求めず、権力におもねらず、屈せず、強い信念を貫いた硬骨の土佐人に対してイゴッソウを使っている。これらの人々は、単に頑固というのではない。志高く、優れた知性と高邁な識見を備えた人物である。

4　イゴッソウは誉め言葉か

前節で挙げた〝イゴッソウ〟と評された人は、高い志をもち、名利を求めず、信ずる所を貫いた、そして清廉な心をもつ人物である。尊敬の心で、また親しみを込めて、〝イゴッソウ〟が使われている。

しかし、イゴッソウについて冷めた見方もある。例えば、川村源七著『土佐人とイゴッソー』(注6)に次の記述がある。

土佐人の持つ野性的な生活力、骨の太い自我は勿論尊い素質であるが、土佐人のイゴッソウを何か天然記念物か何ぞのように珍重するが、これはどうかと思う。その大部分は、土佐の文化の後進性がもたらした産物であるかもしれない。

高い志をもち、優れた知性に裏づけられた信念を貫いている、正《まさ》しく尊敬すべき〝イゴッソウ〟を、われわれの周りで見つけることは難しい。

「あれはイゴッソウぢゃきに……」などと周辺で言われている人物は、聞けばおもしろく愛すべき人物ということになるが、実際には、へこむつかしくて協調性を欠き、部落などでは敬遠されている存在ではなかろうか。なかでも、イゴッソウであることを自認し、誇りにしているような人は厄介である。こういう人は、〝イゴッソウ〟であることを、より際立たせようと振る舞うように思われる。このような人がいるために、話し合いがまとまらない、紛糾《ふんきゅう》するということが多いのではなかろうか。

イゴッソウは、独りよがりの、頑固で顰蹙《ひんしゅく》を買う人から、高い志をもつ優れた硬骨の人物まで、この語を使う人の考え・捉え方によって、幅広く使われているように思われる。

土佐人は、土佐の風土と歴史に培われたと思われるが、強い自己主張の心とともに陽気で開放的な性格を備えている。自己を強く主張してもよいが、明るく開放的な長所を伸ばして、柔軟な心と謙虚さをもつようになれば、すばらしい土佐人になるであろう。このような人を〝イゴッソウ〟として、誉め言葉として使いたいものである。

注
1 高知県昭和期小説名作集①～③（高知新聞社・一九九五年）
2 RKC高知放送（一九六八年）
3 岡林清水・高橋正・木戸昭平・別役佳代共著「田岡嶺雲」別冊（土佐出版社・一九八七年）
4 高知新聞（二〇〇二年一月一日）
5 高知新聞（二〇〇四年六月二十一日）の記事から
6 県民クラブ（一九五三年）

4　ちげ　地下

——土佐人は縦関係の用語を横関係の用語に変えた

〈ぢげ〉(地下)は、私が興味をもっている〈土佐ことば〉の一つである。自分たちの住んでいる集落のことで、〈ぢげの人・ぢげにん(地下人)・ぢげの衆〉のように使われる。〈地下〉は本来〈ぢげ〉であるが、通常は現代仮名遣いに従い〈じげ〉と書かれる。

「よそ者ぢゃろう。ぢげの人にそんなことをする人はおらん」

「ぢげの衆によろしゅうに言うてつかさいませ」

1　〈ぢげ〉の語源

平安時代に都で、〈地下人《ぢげにん》〉、略して〈地下《ぢげ》〉という身分呼称があった。清涼殿に昇殿を許される殿上人《てんじょうびと》に対し、昇殿を許されない下級の官人に対する身分呼称で、一般庶民も〈地下人・地下〉と呼ばれた。

枕草子などに、この身分呼称がよく出てくる。

・殿上人、地下なるも、陣にたちそひて見るも、いとねたし。(枕草子・八)

・まづ院の御迎へに、殿をはじめたてまつりて、殿上人・地下などもみなまゐりぬ(枕草子・二七八)

・垣代《かきしろ》など、殿上人地下も、心ことなりと世人《よひと》に思はれたる、有職《いうそく》のかぎりととのへさせたまへり（源氏物語・紅葉賀・三）

白洲正子氏の随筆『遊鬼』（注）の「お公家さん」の章に、少女の頃に、父に連れられて京都今出川の冷泉家《れいぜい》を訪ねたときの話が出ている。応対に出た書生が、「地下人が参りました」と当主に来客を告げたという。京都の公家の間では、明治以降の官職は通用せず、未だに平安朝の言葉が使われているのを知っておかしかった、と書かれている。大正時代の初めの頃の話である。

因みに、白洲正子氏の祖父樺山資紀《かばやますけのり》は、薩摩藩出身の明治期の軍人（海軍大将・元帥）で、海軍・内務・文部等の大臣を歴任した政治家である。樺山家は、冷泉家と同じく華族で伯爵であった。

注　新潮社（一九八九年）

2　土佐藩政時代における〈地下〉の呼称

土佐においても、平安以降、都から派遣された国司や室町末期、応仁の乱を逃れて、都から幡多に移り住んだ一条家では、農民などに〈地下人・地下〉という呼称を日常的に使っていたと考えられる。

時代が下って江戸時代に、土佐藩で〈地下・地下役《ぢげやく》・地下浪人《ぢげろうにん》〉という呼称が使われている。

藩政中期に、郡奉行の下に、地下（郷村）支配組織として庄屋・老・組頭等が置かれたが、これらが地下役である。地下浪人については、享保十九年（一七三四年）に、四十年以上郷士の職にあった者は、これを他譲したのちも名字帯刀《みょうじたいとう》を許し、「地下浪人」と呼ぶことが定められたという。二〇一〇年放映のNHK大河ドラマ「龍馬伝」に登場した岩崎彌太郎の父・彌次郎は、正《まさ》しく地下浪人の身分であった。

薩摩が舞台であるが、宮尾登美子氏の『天璋院篤姫』に「邸ではご法度の地下の言葉……」、「地下のひとたちの慣わし……」という文章がある。〈地下〉は幕藩時代に、支配者が支配地や農民などに対し、日常的に使っていた用語と考えられる。

3　土佐人の日常語としての〈地下〉

土佐人はイゴッソウで代表されるように、頑固で柔軟性に欠けるところがあると言われている。しかし、言語の導入や活用に関しては、柔軟かつ動的で、また創語力にも優れ、暮らしに密着した、独自の豊かな言語社会を創り上げてきたと考えられる。

〈地下・地下人〉という用語は、元来、支配者が農民等に対して使う語、言わば身分差別の用語であるが、支配を受ける側の土佐の農民らは、この語の意味も使い方も変えて、自分たち相互の日常用語として採り入れた。縦関係の用語を横関係の用語に創り変えたのである。

私は〈ぢげ〉という〈土佐ことば〉に、権威に対する秘めた反抗心、ユーモア感覚、それに何よりも同じ集落に住む人々の間の、厚い信頼と強い連帯を感じる。

5　浄瑠璃・歌舞伎と〈土佐ことば〉
——「菅原伝授手習鑑」を巡って

〈土佐ことば〉には、江戸時代の浮世草子や浄瑠璃などの用語に由来すると考えられるものがある。ここでは、浄瑠璃「菅原伝授手習鑑《すがわらでんじゅてならいかがみ》」を主に、上方《かみがた》から土佐への浄瑠璃・歌舞伎などの伝わりと〈土佐ことば〉への影響について考える。

「菅原伝授手習鑑」は、竹田出雲・並木千柳・三好松洛・竹田小出雲による合作で、「仮名手本忠臣蔵」・「義経千本桜」とともに、江戸中期の時代浄瑠璃の傑作と言われている。初演は延享三年(一七四六年)八月で、大坂の竹本座である。これから作られた歌舞伎も延享三～四年に大坂、江戸で上演され、大好評を博したという。

土佐への伝わりはどうであったか。『香北町史』(注1)に、延享四年に大川上美良布《おおかわかみびらふ》神社で、「狂言　菅原伝授手習鑑」が演じられたことを示す、興味深い記述があるので抄録する。

・大川上美良布神社　韮生野《にろうの》宮床(現香美《かみ》市香北《かほく》町韮生《にろう》)に鎮座。韮生郷の総鎮守で旧県社。秋の大祭には、延享四年以来狂言が行われ、遠方より見物人が集まった。神社には当時の廻り舞台が残っている。この舞台を使っての芝居は大正の初年まで行われた。

・竹内重意(注2)の『韮生遺談』に、次のような記述がある。

元文・寛保の時分より狂言盛になり、桟敷所も定り、一番桟敷正面榎の本・寺村弥三衛、二番吉野光徳寺、三番朴ノ木長福寺等、銭の高下によりて桟敷を構へ、十七日の夜顔見せ、十八日参拝、十九日の晩本狂言、二十日の夜しであげ、見物夥しく、山田・後免・野地・岩村・片地・西川・東川・槙の山いささか錐を立てる地なし。毎年定式となり、凶年にても止りなし。（以下略）

・『韮生遺談』に延享四年の狂言番附について、次の記載がある。

辻物真似番附御祝儀式三番叟

第一　菅原伝授手習鑑七番続姿かゝやく賢王の徳　附　筆法は注連の足並に幣おどり
第二　休足はおばのさと　附　憂目うたわす八声の鶏並びに国姓爺おどり
第三　因果を廻す車さき　附　三ッ子を寄す七十の賀
第四　寺入は命をあげ字　附　覚悟きわむる文庫の内並に高札をどり
第五　黒目に積る牛の沙汰　附　念力忽火の炎
第六　神雷逆臣をひしぐ　附　魂魄敵をなやます
切　崇て祭る天満宮　附　世々千秋楽

『韮生遺談』によると、「菅原伝授手習鑑」の土佐への伝わりは、初演の翌年であり、驚くべき速さである。浄瑠璃や、これから作られた歌舞伎は、上方から土佐へ伝えられ、歌舞伎は旅回り役者によるだけでなく、土地の素人役者などによって、（狂言）あるいは〈芝居〉という呼び方で、神社の奉納行事等で演じられたと考えられる。

神社境内等で行われる浄瑠璃や歌舞伎（狂言・芝居）は、当時の人々にとって最高の楽しみであったと思われ、『韮生遺談』にもあるように、遠くの村からも聴きに、あるいは観に、多くの人が押し寄せたに違いない。名場面での名文句が人々の心を打ち、浸透し、その一部が暮らしの中で醸成され、〈土佐ことば〉として定着したと考えられる。浄瑠璃は、金と暇のある地主や商人などの風雅な楽しみとして、稽古し、語ることも流行したようである。

終戦後の昭和二十年代の初め、妻は小学生であったが、小学校の講堂で『菅原伝授手習鑑』の芝居があり、大人も子供も、座布団をもって観に行ったという。

菅丞相（菅原道真）の恩顧を受けた武部源蔵夫婦が寺子屋を開き、菅丞相の一子菅秀才を自分の子のように見せかけて、敵方藤原時平からかくまっている。その寺子の一人に〈涎《よだれ》くり〉がいる。「現れいでましたはよだれくり」という文句がおもしろく、その後皆で真似して、遊んだという。娯楽の少なかった時代には、浄瑠璃やこれから作られた歌舞伎（狂言・芝居）は、農村では、大人も子供も最高の楽しみであったことがうかがわれる。

「菅原伝授手習鑑」四段目・寺子屋に、〈土佐ことば〉につながると考えられる用語に次のようなものがある。

・「ませよませよ」と指ざして**俳戯《てうげ》**かゝるを残りの子供。
・「兄弟子に口過す**涎《よだれ》くり**めをいがめてやろう」
・粒椎茸の入つたるは**奔走子《ほんそこ》**とこそ見えにけれ。
・「是はマア何から何まで**御念の入った**事。……」
・此奴病み**耄《はう》け**ながら検分の役と見え……

・「……イザ松王丸片時《へんし》も早く時平公へお目にかけん」

これらの用語のうち、私は特に〈片時も早く〉に注目している。〈片時〉は一時《いっとき》(今の二時間)の半分を意味する語であるが、転じて、短い時間の意に用いられてきた。急いで、の意の〈片時も早く〉が現れるのは江戸中期で、浄瑠璃や謡曲などに使われている。緊迫感の伴う〈片時も早く〉は、聴衆あるいは観衆の心に強く残る言葉の一つであったにちがいない。〈いられ〉の多い土佐人にとって、日々の暮らしに適《かな》う都合のよい言葉として採リ入れられ、〈へんしも〉と短縮され、日常の用語として定着したと考えられる。

浄瑠璃や、これから作られた歌舞伎は、上方《かみがた》から全国各地に広がったにちがいない。〈片時も早く〉は漱石の『虞美人草』などに使われているが、現在、一般には殆ど使われていないように思われる。しかし、土佐でのみ、短縮した〈へんしも〉の形で、日常用語として定着している。まことに興味深いことである。

土佐人は言語の導入に関して、積極的である。しかし、取捨選択し、自分たちの暮らしに合った形に醸成して日常に活用し、独特の言語文化を創りあげてきたと考えられる。言語が導入され、〈土佐ことば〉として定着する過程は極めて興味深い。

注1　香北町教育委員会・一九六八年

2　寛政六年(一七九四年)韮生郷・太郎丸で生まれ、慶応四年(一八六八年)没。漢学・医学を修めた篤学者。五烏山房と号す。韮生遺談のほか、韮生風土記・東武紀行・五烏山房行状記・五烏山房著作集・土佐年歴史・発句集・野詩集等の著作を遺す。(『香北町史』より)

大川上美良布神社に参拝

大川上美良布《おおかわかみびらふ》神社は、約千五百年前に創建された延喜式の式内社で、土地の人々に「韮生《にろう》の川上様（かわかみさま）」と呼ばれ、崇められている。ＪＲ四国バス〈土佐山田―大栃〉線の「アンパンマンミュージアム前」停留所から歩いて五分もかからない所にある。

〈神木〉として崇められている、樹齢千年と言われる周六・一メートル、樹高四十メートルの

大川上美良布神社

通夜殿

巨杉のある森に囲まれた広い静寂な神域に、優美な見事な彫刻が施された美しい姿の社殿と、狂言の舞台となった「通夜殿」がある。

通夜殿内を覗くと、床に円形の、廻り舞台の切れ目が見えた。「韮生遺談」に記されているように、祭に奉納された狂言等の催しには、通夜殿前の広い境内は、立錐《りっすい》の余地もないほどに見物人で埋まったにちがいない。私は通夜殿の前で、当時の情景を想像して、狂言と〈土佐ことば〉の関係について思い考えた。

6　土佐の〈こびく〉と伊予の〈こびく〉
――意・用法の大きな違い

〈土佐ことば〉の〈こびく〉について、方言辞典には「ひびく」と説明されているが、単なる〈響く〉ではない。傷の痛みなどが体の別の所に影響するような場合に使われる、微妙な表現の用語である。

ある病院でのこと。甲状腺の手術を受けた患者さんが、患部だけでなく首の後ろも痛いと言う。主治医の先生が、首の後ろを軽く押さえ、土佐弁で「ここへこびくがぢゃねえ」とおっしゃった。

〈こびく〉は、これを聞いて採集した語であるが、まことに微妙で、的確な表現の語である。語源は〈木挽《こび》く〉で、鋸《のこぎり》で木を挽《ひ》く(木挽《こび》く)ときに、振動が体に伝わることから創られたと、私は考えている(第二章)。

松山市にいる長男が古書店で見つけたと、秋田忠俊著『伊予のことば』(一九七四年・愛媛新聞社)という本を買ってきてくれた。この本に、〈こびく〉が出ていた。興味深いことに、伊予の〈こびく〉は、土佐の〈こびく〉と語意が大きく異なり、〈欲しがる〉の意と、〈煽《おだ》てる〉の意で使われているという。秋田氏は〈こびく〉の語源について、コビキ(小引合紙)とのつながりを考え、次のようなことを述べておられる。

コビキ(小引)は小さい引合紙である。男女を引き合わせる艶書用の檀紙のことである。ラブレターは〈欲しい〉し〈おだてる〉内容をもつ。両者の結びつきはないものか。

私は、伊予の〈こびく〉の語源として、古語の〈恋ひ恋ふ〉を考えてみたが、どうであろうか。方言辞典の〈こびく〉の項の(注)に、「檮原では、恋しがる意」とある。梼原《ゆすはら》の〈こびく〉は伊予の〈こびく〉と同源と考えられる。愛媛県と接する梼原は〈伊予のことば〉の影響を受けたとも考えられる。

高知の方言と言われている語で、他府県でも、使われている語がある。発音とともに、意・用法も微妙に違うことが多い。しかし、〈こびく〉のように、意・用法が大きく異なる語は少ない。土佐と伊予で、〈こびく〉は語源が違うと考えられ、興味深い。

7　四国遍路に係わる〈土佐ことば〉
――へんじょうこんごういいな・へんろのにつつき

高知県には、四国霊場のうち、二十四番から三十九番の、十六の札所がある。私は、〈土佐ことば〉蒐集の過程で、遍路に係わる、〈へんじょうこんごういいな・へんろのにつつき〉の二語を採集した。

1　へんじょうこんごういいな（遍照金剛言いな）

この語について私は、『土佐ことば辞典』に次のように記述している。

〈へんじょうこんごういいな〉は、小理屈をこねて、うるさく言い止めぬ人に対して、理屈はもうよい、止めよ、の意で使われる。〈へんじょうこんごう〉は〈南無大師遍照金剛〉の〈遍照金剛〉である。高知県には四国八十八札所のうち、二十四番から三十九番までの十六の札所がある。白装束・菅笠姿で金剛杖を携え、「南無大師遍照金剛」を唱えつつ、巡礼するお遍路さんをよく見かける。昔は遍路姿の物乞いもいたと言う。信仰心の薄い人にとっては、家の門前で繰り返し唱えられる「南無大師遍照金剛」は耳に障り、うるさく感じられたのかもしれない。土佐人は陽性で、じめじめしたくどい物言いを嫌う傾向がある。お題目は結構だ、理屈は結構だ、理屈より実行だ、という気持ちが心にあって発せられる言葉のように思われる。

方言辞典には、〈遍照金剛〉につながる、次の三語が掲載されている。

へんじょーこんごー　物をねだること。(ユーモラスに言う場合)

へんじょこんごーゆーあやない　何とかかんとか言うひまは無い。

へんじょのこんごー　(1)物をくださいの意を冗談口でいう言葉。主として子供が使用する。(2)つまらぬことを言いふらすこと。(3)駄弁

四国霊場を巡礼するお遍路さんは、「新しい生き方を求めて」「肉親の慰霊のために」などなど、それぞれが深い思いを抱いて、同行二人《どうぎょうににん》、お大師《だいし》さまとともにという敬虔《けいけん》な気持ちで、道々「南無大師遍照金剛」を唱えて、札所を巡礼される。〈遍路〉道の人々は、お遍路さんを温かく迎え、なにがしのご報謝をし、もてなしが行われる。

私が採集した〈遍照金剛言いな〉や方言辞典に掲載されている〈遍照金剛〉に関連のある語は、お大師さまに対する敬いの心を著しく欠き、また祈りを込めて巡礼されているお遍路さんの心を傷つける、極めて礼を欠く、ふざけた言い方ではないか。私は、〈遍照金剛〉につながる語を蒐集はしたが、何かもやもやした、すっきりしない思いをずっと抱いてきた。

私は最近、俳人種田山頭火《たねださんとうか》の日記・随筆を読んだ(注1)。日記には、行乞《ぎょうこつ》して米やお金の報謝を受けながら、四国霊場を巡礼し、自分を厳しく見つめ、句作に命を尽くす日々が記されている。土佐では、池川町での行乞について(昭和十四年十一月)、「行きちがう小学生がお辞儀する。行乞成績は銭七十九銭、米一升三合、もったいなかった。(留守は多かったけれど、

お通りはほとんどなかった。奥の町はよいかな)」の記述がある。

随筆「物を大切にする心」に、遍路に〈信心遍路〉と〈職業遍路〉があるということが書かれている。山頭火が巡礼したのは昭和十年代で、当時は、〈職業遍路〉、つまり遍路姿で回り、受けるご報謝を生活の主な手段としているような人もかなりいたのではなかろうか。

『土佐山田町史』(注2)に、三十八番札所・大日寺から三十九番札所・国分寺に至る〈遍路〉道についての記述がある。江戸時代に、村民が行き倒れて死んだ職業遍路たちを〈遍路〉道脇の墓地に手厚く埋葬したということが記されている。土佐人は、職業遍路、つまり〈えせ信心遍路〉に対しても、それが分かりながらも、信心遍路の人と同じように、おおらかに、温かい気持ちで接していたことがうかがわれる。


〈職業遍路〉と言われた人は、門前でご報謝を受け取るまで、「南無大師遍照金剛」を繰り返し繰り返し唱えたのではなかろうか。〈遍路〉道から離れた村々まで足を運んだのではなかろうか。頂かなければ、宿に泊まることができない。食べることもできない。執拗《しつよう》とも思える振る舞いを見、聞きして、〈遍照金剛言いな〉のような言葉が創られ、また〈遍照金剛〉を、物をねだったりすることに、ふざけ気味に使うようになったのではなかろうか。

土佐人は、信心遍路に対しては、敬いの心を込めてご報謝をし、職業遍路に対しては、おおらかな温かい心で信心遍路に接すると同じような態度で接していた。私は、このように考えて、もやもやしていた心を少し鎮めた。

現在は、職業遍路というような人はいなくなったと思われるが、〈観光遍路〉とも言うべき、霊場めぐりが多くなっていると思われる。「遍照金剛言いな」というような喩え言葉は、消えていく運命にあるように思われる。

注1　大山澄太編『山頭火著作集（三）』（潮文社・一九七一年）
2　土佐山田史編纂委員会編（土佐山田教育委員会・一九七九年）

2　へんろのにつつき(遍路の荷つつき)

〈つつき〉は、物に触ることを言うが、単に一回触るのではなく、何度も触る、あるいは弄《もてあそ》ぶ、の意を含んだ言葉のように感じられる。

八十八札所、四国遍路の旅は長い。昔は〈遍路〉道に木賃宿があり、お遍路さんは行乞《ぎょうこつ》で頂いたお米や金を宿に出し、泊めてもらった。宿で、特に出発前には、長旅用に詰めた荷物の中身を出したり、入れたりして点検する。宿は相部屋のことが多い。〈遍路の荷つつき〉は、お遍路さんが部屋の壁側に、それぞれの荷物を置き、中身を出し入れして調べている様子から生まれた言葉であろう。

四国遍路でなくても、最近は気の合った者がグループで旅行して、同じ部屋に泊まることも多い。部屋のあちこちで、鞄《かばん》や袋の中身を出したり入れたりして点検する様がよく見られる。

妻の親友のKさんが、友人と旅行したときの話。二人で宿の部屋の中で、鞄の中身を出したり入れたりしていて、思わず顔を見合わせ、「まっこと、遍路の荷つつきぢゃねえ」と、笑い合ったと言う。旅先での〈荷つつき〉は、誰でも覚えのあることであり、〈荷つつき〉現象はお年寄りの旅行では、特によく観察される。

妻はKさんから、この話を聞くまで、〈遍路の荷つつき〉という言葉は知らなかったという。札所の近くで生まれた言葉であろう。因みにKさんは、三十三番札所雪蹊寺《せっけいじ》のある、高知市長浜に住んでいる。

行き倒れた、お遍路さんの墓

大日寺《だいにちじ》（香南《こうなん》市野市《のいち》町母代寺《ぼだいじ》）から国分寺《こくぶんじ》（南国市国分《こくぶ》）への〈遍路〉道の道筋にある集落〈岩次《いわつぎ》〉（香美《かみ》市土佐山田町岩次）の墓地に、江戸時代、行き倒れた遍路を村人が手厚く葬ったという『土佐山田町史』の記述を読んで、私は妻と一日、岩次を訪ねた。

「国分寺――大日寺」の〈遍路〉道を示す標示があった。白装束姿のお遍路さんが、一人で、あるいは何人かが連れ立って通られた。

『土佐山田町史』に記載されている通り、東西の〈遍路〉道に接して、南に伸びる長い、村の墓地があった。私たちは墓地内を探したが、行き倒れのお遍路さんが埋葬されている墓のようなものを見つけることはできなかった。

ただ、墓地の南の端に、「三村幾右衛門」「岡山県備中……明治廿三年九月　行年　四十六才」と刻んだ墓石があった。墓石の裏に文字が刻まれていたが、読みとれなかった。小さな墓で、墓の位置・造り・刻字から、村に縁のある人ではないように思われた。その傍に少し盛り上がった空地があったが、草で覆われていた。ここが埋葬地であったのかもしれない。

近くで農作業をしている人と通りかかった土地の人に聞いてみたが、行き倒れた人を村人

遍路途中で亡くなった人々の墓(香南市夜須町坪井)

が手厚く葬ったという話は知らない、聞いたことがない、ということであった。ただ、木の陰で休む、お遍路さんに母がお饅頭を出して接待した、お遍路さんを泊め、お風呂を沸かして接待したことを祖母から聞いている、という話を聞くことができた。

高知新聞(二〇一四年一月一〇日)に「江戸期遍路墓に来訪を」という見出しの記事が掲載された。香南市夜須町坪井に、江戸時代に遍路途中で亡くなった遍路を弔った墓石が二十一基、〈遍路〉道の傍に集めて祀られているという。

私は一日、妻と夜須町坪井を訪ねた。坪井は、二十七番札所・神峯寺《こうのみねじ》(安芸郡安田《やすだ》町唐浜)から二十八番札所・大日寺に至る、比較的長い〈遍路〉道の途中にある。夜須では、「道の駅 やす」の山本宏幸さんが親切に応対してくださり、高知新聞の記事にもお名前が出ていた、北岡啓さんにお会いすることができた。夜須中央公民館で、北岡さんから、遍路と坪井の遍路墓についての詳しいお話を聞くことができた。思いもかけなかったことで、たいへん有《あ》り難かった。北岡さんにお聞きして、商店街を抜け、観音山の南の山麓を少し過ぎた所に設けられている墓所に詣った。

墓石は、村の各地に散在していた遍路の墓を村人の手によって、元はお堂に納められていたようである。お堂は朽ちて、現在は、お堂跡に集めた墓石が置かれているという。中央に地蔵像と『明治十九年十二月立之　無縁　集靈塔　夜須大師講中』と刻された自然石が設置され、その周りや後ろに墓石群が集められていた。元明・寛政・文政・文化などの年号、備後・豊後・阿洲などの国名、野島庄三良、野島庄三良女などの刻字が読みとれた。刻字のない墓石もあった。

行き倒れたお遍路さんが、それぞれに背負われていたであろう辛い悲しい運命のことを、いろいろと思い偲びつつ、またこれらの人々を手厚く葬り供養された村人の温かいお心を尊く思いつつ、私たちはお墓に手を合わせた。

8　〈おりゅうし〉考
――〈折節〉から〈おりゅうし〉への過程

〈おりゅうし〉(おりゅーし)は、〈おりふし〉(折節)の訛《なま》り。ときおり・時々、の意。「おばあちゃん元気?と、東京の孫がおりゅうし電話をくれる」

〈折節〉に、節を折る(操を曲げる)の〈折節《せっせつ》〉もあるが(大字典)、類似の意の、〈折《おり》〉と〈節《ふし》〉を重ねた〈折・節〉の形で、種々の意に古くから使われてきた。

〈折節〉の意・用法の変遷をたどり、土佐の〈おりゅうし〉に至る過程を見てみる。

1　折々・場合場合・時・時機・季節

- 思はずはありもすらめど　ことのはの　をりふしごとに頼まるるかな(折々・伊勢物語・五十五)
- 折ふしにつけて、漢詩ども、ときに似つかわしくいふ(場合場合・土左日記)
- 前《さき》の世の契りもつらきをりふしなれど、(時・源氏物語・橋姫・二)
- 折節の移り変るこそ、ものごとにあわれなり(季節・徒然草・第十九段)
- 序《ついで》悪しき事は、人の耳にも逆ひ、心にも違ひて、その事ならず。さようの折節を心得べきなり(時機・徒然草・第百五十五段)

2　ちょうどそのとき・その頃

・おりふし五月雨のころで、水まさって候(平家物語・巻第四・橋合戦)

・おりふし風ははげしゝ、猛火天にもえあがって、(平家物語・巻第八・鼓判官)

・狐のなすわざかと茫然たるその折ふし、空すさまじく風おこり(近松門左衛門・國性爺合戦・第二)

・折ふし、洛中に隠れなきさはぎ中間の四天王、(その頃・井原西鶴・好色五人女・巻三)

3　ときおり・時々

・折ふしは無常を感じ、(井原西鶴・好色五人女・巻五)

・折ふしは気慰みに御入りあるべし。(井原西鶴・好色一代女・巻二)

・今お前に辞儀したぢぢいは折ふしここらで見る人ぢゃが、(田舎老人多田爺・遊子方言)(土佐弁さんぽ)

・此大島田に折ふしは時好の花簪さしひらめかして(樋口一葉・にごりえ)

・夫丈《それだけ》なら構はないが、折節《をりせつ》はお兼さんの顔を見て笑った。(夏目漱石・行人)

以上のように〈折節〉の意・用法は時代とともに変化し、〈ときおり・時々〉の意の〈折節〉は、江戸時代に使われ始め、現在に至っている。土佐で使われ出したのは、江戸時代からか、明治になってからかは分からないが、〈おりゅうし・おりゅーし〉と、滑らかな語に訛《なま》って〈土佐ことば〉として定着したと考えられる。〈折節〉は現在、一般にはあまり使われていないように思われるが、土佐では日常語である。

9 〈さんにかからん〉考
――〈さん〉は？

〈さんにかからん〉は、問題にならない、の意。人の能力などについて、期待できないという気持ちを含み、突き放した感じで使われる。しかし、一般に使われている「箸にも棒にもかからない」に比べれば、少し穏やかな言い方のように思われる。

「あれに言うたちいかんぜよ。さんにかからん」


語源は何であろうか。〈さん〉について〈算〉が浮かんだ。算盤《そろばん》をはじくだけの価値がない、計算する価値がない、計算しても無駄だ、ということから、人の能力などに対して〈問題にならない〉の意に使われるようになったのであろうか。しかし、〈算にかからん〉が大阪あたりで使われるようになったというのであれば分からないでもないが、〈土佐ことば〉としてはどうであろうか。少しひっかかるものがある。

土佐では、蒸籠《せいろ》の簀《さく》、コンロの中底、風呂の排水口に嵌《は》める隙間のある蓋を〈さな〉と呼ぶ。〈さんにかからん〉は、ある基準で人をふるい分けて言う言葉である。〈さなにかからん〉が〈さんにかからん〉に変化したのではないか。あるいは〈選《せん》〉の訛《なま》りではないかと考えてみた。しかし、いずれも、語源として無理があるように思われる。

〈桟《さん》にかからん〉はどうであろうか。〈桟〉で最も身近かにあるものは障子《しょうじ》の桟である。障子を張るとき、紙の大きさが障子の桟に適合しないさまから、この言葉が生まれたのではないだろうか。中里恒子氏の作品「松襲」(注)に、吉野紙の生産家を訪ねたときのことが書かれており、「紙の判が小さいので、障子に張る場合、紙の大きさに合わせて障子の桟を作ると言う」という文章がある。これを読んで考えついたのであるが、どうであろうか。

〈賛《さん》(讃《さん》)にかからん〉は、どうであろうか。〈賛・讃〉に、批評する・品定めする、の意の用法がある。例えば、西鶴の作品に、この意の賛(讃)が使われている。

・朝がへりの客に賛仕るに、(井原西鶴・好色二代男・巻一)

・讃仕て見よ。(同右・巻五)

今のところ、〈さんにかからん〉の〈さん〉について、算・桟・賛(讃)の三つを考えているが、よく分からない。

ここでは〈さんにかからん〉を採りあげたが、〈土佐ことば〉には、人の性質・能力・言動を評する、おもしろい喩え言葉が多数ある。これらについては、前著で詳しく述べた。誉め言葉は少なく、貶《けな》し言葉や謗《そし》りの言葉が多い。しかし、徹底的に貶《おとし》めるようなことはなく、ユーモラスに表現するのが特徴である。貶し言葉にも土佐人の明るく開放的な気質が反映されている。

注　『朧草子』(文藝春秋・一九七六年)

10 〈嘆き・驚き〉を表す語
――ユーモラスな独特の表現

土佐人は、日常の暮らしの中での、嘆きや驚きを、大げさに、かつユーモラスに表現する。強調語あるいは強調表現については、前著で述べたが、ここでは、独特の感動詞的用語の、〈たまるか・めった・ばっさり・やれん・おうの・いよいよ・おとろしや・なんぼいうたち〉を採りあげた。

これらが、日々の暮らしの中で、どのように使われ、活きているかを見てみよう。

たまるか

〈たまるか〉の〈たまる〉は、こらえたもつ・我慢《がまん》ができる、などの意。〈か〉は反語の係助詞。〈たまるか〉は、なんとまあ、という気持ちで、驚きや嘆きなどを強く表す、土佐独特の日常語である。

〈たまるか〉を更に強調して〈たかでたまるか〉が、また驚きを強く表して〈たまぁー〉も使われる。挨拶などでは〈たまりますもんか〉が使われる。

「たまるか！　うちの子の絵が県展で特選！」

「たまるかねえ……ややこをのこしてみてましたと……」（なんと気の毒なことだ。赤ちゃんをのこして母親が亡くなったという）

「たかでたまるか。仲ようやりよったに……」（離婚したと聞いて）
「たまぁー！　雪ぢゃ、大雪ぢゃ……」（朝起きて積雪に驚く）
「まあまあ、ごねんごろに、たまりますもんか。こんな結構なものを……」（ご丁寧に、ほんとうにありがとうございます。感謝と恐縮の気持ちを込めた挨拶語）

めった

困った、どうしたらいいだろう、という時に発するため息の言葉。気落ちする・元気をなくする、の意の〈める〉（滅る）の関連語。
「めった……浮気がばれて女房が口をきいてくれん……」（近所で耳にした）
「めった、めった。車のキイがない。どこで落としたろう」

ばっさり

しまった、残念だ、の気持ちを表す語。〈ばっさりいた〉も使われる。語尾の〈いた〉は、そういう状態になってしまったことを示す。

〈ばっさり〉は本来、一気に切り落とすさまを表す擬態語である。切り落とされて、取り返しがつかなくなってしまったことから、〈ばっさりいた〉が生まれ、略されて〈ばっさり〉になったのではなかろうか。

「ばっさり！　だいじな皿をかかした」

「ばっさりいた。水をやるのを忘れて、花を枯らしてしもうた」

やれん
我慢《がまん》できない、の意であるが、深刻ではなく、軽い嘆きの言葉として使われる。
「これぱあ難儀してやりゆうに、『よろしく』だけかよ。あしらはまっことやれん」
「また寄付せいゆうたちできるか。まっことやれんよ」

おうの(おーの)
嘆いて思わず発する、ああ、あーあ、に相当する語。
「おうの、まっことだれた」(疲れ果てた)
「おーの、まだだいぶあるかね……」(草引き)

いよいよ
一般には、夜になって風雨がいよいよ激しくなった、試験がいよいよ三日後に迫った、のように使われる。土佐では、このような用法のほか、人の言動に対し、あきれ顰蹙《ひんしゅく》して、なんということだ、という気持ちを強く滲《にじ》ませて使われる。感動詞としても使われる。

「うちの子はいよいよ落ち着きがない。困ったことぢゃ」

「あれがまた事故を起こしたゆうかよ……。いよいよ……」

「また失言して問題になっちゅう……いよいよぢゃのう」(某大臣)

おとろしや
なんとまあ、という驚きを陽気に大げさに言う語。〈おっとろしや〉とも言う。〈おそろしい〉

(恐ろしい)を土佐では〈おとろしい〉と言う。古語は〈おそろ・し〉(恐ろし)で、こわい・不気味だ、などの意のほかに、たいしたものだ・驚くべきことだ、の意で使われた。感動詞〈あな〉を付け、驚きを更に強調した用法がある。土佐の〈おとろしや〉は、〈あなおそろし〉に由来する感動詞と考えられる。

・「されど、門のかぎりをたかう作る人もありけるは」といへば、「あな、おそろし」とおどろきて、(枕草子・八)

・あなおそろし。入道のあれ程いかり給へるにちッとも恐れず返事うちして立たるゝ事よ(平家物語・巻第三・法印問答)

「おっとろしや。これほどためこんで……まっこと女はこわい」(へそくり発見)

なんぼいうたち

〈なんぼいうたち〉(なんぼゆうたち)は、「なんぼいうたち、聞かんがやき」のように、どれほど言っても、の意で使われる語であるが、人の突飛な言動に対し、驚き・呆《あき》れを強調する語としてもよく使われる。

「なんぼいうたち……これほど買うてたまるか」(バーゲンセールで)

「この時化《しけ》のなかを自転車で出たつかよ……なんぼゆうたち……」

11　独特の表現
――いく・きる・くる・する・たつ・ひく

〈土佐ことば〉には、いく・きる・くる・する・たつ・ひく、などの動詞を用いて、状態・行動、あるいはその進行を微妙に表現する独特の言い方がある。幾つかは第二章でも採りあげているが、主なものを挙げる。

あまぐらがいく

〈あまぐら〉は衣類などにつく黒いカビの斑点。〈あまぐろ〉とも言う。〈あま〉は〈雨〉、〈ぐら・ぐろ〉は〈黒い〉あるいは〈黒いもの〉で、梅雨などに衣類にでき易い、カビによる黒い斑点を言う。〈あまぐら〉ができたこと、できた状態を〈いく〉で表現している。

「着いたもんを洗濯せんづく置いちょいたら、あまぐらがいくぞね」(梅雨どき)

うちぐれがいく

家のなかがもめること。家庭の平和が乱れること。〈ぐれ〉について、広辞苑に、次のような説明がある。〈ぐれ〉は〈ぐれはま〉の略で〈ぐりはま〉に同じ。〈ぐりはま〉は〈はまぐり〉(蛤)の倒語。物事がくいちがうこと。

〈うちぐれ〉は、家庭内を意味する〈うち(内)〉と〈ぐれ〉をつないで創られた語。内輪もめを意味する〈うちぐれ〉もおもしろいが、〈いく〉という表現も、いきいきと実態を表しているようでおもしろい。

「あこはお父さんの遺言書がみつかって、うちぐれがいきゆうと」

「そんなこたぁめったに言われんぞね。うちぐれがいくきに」

しょくがいく

〈しょく〉は〈食〉。〈しょくがいく〉は食欲があり、食が進むこと。老人や病人に対して使われる。〈しょくがいく〉に対して〈くちをふてる〉(口を捨てる)という語がある。食欲が著しく減退する、食事を受けつけなくなる、の意。

「こればぁしょくがいったら、心配いらん」

「病人がくちをふてるようになったら、おしまいぢゃ」

そんがいく

〈そん〉は〈損〉。〈そんがいく〉は、損になる・損をする、の意。

「そんがいくきに、その話、ことわったがえいぞね」

ろうがいく

〈ろう〉は、労働・労力・苦労の〈労〉。〈ろうがいく〉は、手間がかかる・労力がいる、の意。

「そんな遣り方ぢゃろうがいく。こうゆうふうにやったら楽ぞね」(方法を教える)

やけをきる

〈やけ〉(自棄)は、やけになる、やけを起こす、やけっぱち、やけくそ、のように使われるが、やけを〈きる〉という言い方は、土佐独特と思われる。思い通りにならなくてだだをこねる、どうにでもなれ、というようなすてばちな態度で、相手に勝手なことをぶっつけることを言う。〈きる〉は〈切る〉で、啖呵《たんか》を切る、しらを切る、などの〈切る〉と同じ用法であろう。

「あの人は、何かいうと、やけをきる。まっこと困ったお人《ひと》ぢゃ」

あげがくる

よくない結果になる、悪いことが起こる、の意。行為の報いとして悪いことが当然起こるような場合に使われる。〈あげ〉の語源について、悪事に対する報いを表す悪劫《あくごう》と悪果《あっか》、終わり・結果を意味する挙句《あげく》を考えたが、どうであろうか。

「儲《もう》かったゆうて調子に乗りよったら、あげがくるぞね」

「かぜぎみぢゃに、むりして出掛けたら、あげがきたわね」(体調が悪くなった)

いうてくる

〈いう〉は〈言う〉。〈いうてくる〉(ゆうてくる)は、肉体的疲労や精神的苦痛が体調に影響してくること。

「年をとると疲れが体にいうてきて、かぜがなかなかなおらん」

「庭の草むしりをしたら、腰にゆーてきた」

けんじょうにくる

肩が凝ること。〈けんじょう〉は〈肩上〉と考えられる。肩が凝り出すとき、凝りが下から上へ、肩から首へとせり上がってくるように感じる。類語に〈かたがつかえる〉があるが、〈けんじょうにくる〉は、凝りの過程、状態の進行を示す、微妙な表現の言葉である。

「慣れん仕事をしたきに、けんじょうにきた。ちくと揉《も》んで」

いろあげする

〈いろあげ〉は〈色揚げ〉。色の褪《さ》めた布などを染め直してきれいにすること(広辞苑)。〈いろあげする〉は〈色揚げ〉を喩《たと》えに用いた語。事業などがうまくいくように、しかるべき人に対して行ったご挨拶・贈り物などの効き目が薄れてきたと思われるときに、もう一度効き目が出るように何かをすることの意に用いられる。

「そろそろ、いろあげせにゃいかん」(何かものをもって、再度お願いにあがったがよい)

おもわくする

〈おもわく〉は〈思惑〉。〈おもわくする〉は事業などを投機的にする、の意。また、〈おもわく〉は〈おもわくやる〉の形で、事業などを思う存分にする、の意にも使われる。

「おもわくする人は好かん。信用がおけん」

「あれもえい年になったき、おもわくやらせてみたらどうぜよ」(任せて思う存分やらせたらどうか)

すいきょうする

〈すいきょう〉は〈酔狂〉。酒に酔って正気を失うことであるが、〈すいきょうする〉という言い方がおもしろい。一般にはあまり使われていないと思われるが、酒飲みの多い土佐では、日常に活きている。酒に酔い、絡《から》んだりして、周りの人を困らせ、顰蹙《ひんしゅく》させる言動を言う。

この語は西鶴の作品にも出てくる。

・大《だい》じんわざと酔狂《すいきやう》して、あたりあらく踏立《ふみた》て、（井原西鶴・好色一代男・巻六）

「あれは酒飲みぢゃが、すいきょうせん」

「あの人はすいきょうせんが、説教するき、近寄られん」（近寄らない方がよい）

せいとうする

〈せいとする〉とも言う。制御する・支配する・取り締まる、の意。〈せいとう〉は、禁制・取り締まり・処罰の意の〈政道〉。

・旦那ばかりにはその事もゆるして、外はかたく政道して、（井原西鶴・好色一代男・巻二）

「自分の女房をようせいとせんで、えらそうなことを言いな」（街中で耳にした）

そうどうする

〈そうどう〉は〈騒動〉であるが、軽い意味に使われる。ばたばたと動きまわったり、騒いだりして、周りの人に迷惑をかけるような行動を〈そうどうする〉と言う。

妻が入院していた病院の同じ病室に、夜中に何度もばたばたと音をさせてトイレに行く、夜中にロッカーを開けて物を出し入れする、起きて屈伸運動をするなど、周りの迷惑を考えない夜行性のおばあさんの患者が居られた。同室の、別のおばあさんの嘆き。

「夜中にそちこちそうどうするきに、たまらん」

〈そちこち〉は、そっちへ(行ったり)、こっちへ(来たり)、の意。

にをする

〈に〉は荷物の〈荷〉。昔は嫁の立場は弱かった。離縁とまでは至っていないが、嫁の座に不安が出てきた。いざという場合に備えて、秘かに持って帰る物を用意する。あるいは見切りを付けて、秘かに少しずつ実家へ荷を運ぶ。あるいは、金を秘かに蓄える。〈荷をする〉である。

事業がうまくいかず、盛り返す見込みはない。破綻《はたん》は目に見えている。破産したら、債権者に何もかも差し押さえられて、生きていけなくなる。事業不振を極力隠し、分からないように金を隠す。名義を替えたりして防御し、破産後の生活に備える。〈荷をする〉である。

このように、〈荷をする〉は、深刻な事態を予想して、それに秘かに備えることを表す語であるが、〈ひと儲けする〉の意にも使われるという(土佐市・松岡数躬さん)。

ほうれきする

年をとって呆《ぼ》けること。耄碌《もうろく》すること。〈ほうれき〉は、〈耄碌〉を漢音読みにホウロクと読み、ホウレキと訛《なま》ったと考えられる。

「ほうれきせんように、頭と体を使って前向きに暮らそうと思いよります」

めくちする

声を出さず、目と口で気持ちを相手に伝えること。顔の表情でシグナルを送ること。

「めくちしたけんど、通じざったにかあらん」（通じなかったようだ）

じゅんがたつ

病状について使われる。〈じゅん〉は順調の〈順〉。快復への筋道が見え、その道を少しずつ進み出した状態を言う。

「ご心配をかけよりましたが、おかげでじゅんがたちよります。もうまあようなりますろう」

ぶんがたつ

〈ぶん〉は〈分〉。物事をてきぱきと手際よく処理できる能力を言う。このような能力を備えている人を〈ぶんたち〉と言う。

「あこの嫁さんは、まっことぶんがたつ。えい嫁さんをもろうたもんぢゃ」

よがたつ

〈よ〉は〈世〉で、家の経済が安定し、栄えることを言う。西鶴の作品に、この意の〈世〉が使われている。

・子ゆゑに世の立たぬ事となり果て、（井原西鶴・織留）

「あればあつましかったらよがたつ」

こえをひく

〈声を引く〉。本来は、声を長くのばして出すことであるが(国語大辞典)、土佐の〈こえをひく〉は、これと異なり、アクセント・発音が変わっていることを言う。

・外を金魚賣が長い聲を引いて通る。(声を伸ばす・鈴木三重吉・桑の實・二十五)

「幡多の人はこえをひくきに、すんぐにわかる」(発音が違う)

ゆをひく

〈湯を引く〉。本来は、湯浴みをする・湯を使うことであるが(国語大辞典)、土佐の〈湯を引く〉は、これと異なり、入浴して傷に黴菌《ばいきん》が入って化膿《かのう》することを言う。なお、同義で〈湯を吸う〉という言い方もある(方言辞典)。

・湯殿しつらひなンどして、御ゆひかせ奉る。(湯殿を設けて入浴させる・平家物語・巻十・千手前)

・御台は御湯ひかせ給ひ候ふなり(湯を浴びる・太平記・二一)

「ゆをひくきに、二、三日風呂《ふろ》に入られんぞね」(黴菌が入って化膿する)

12　敬語を巡って
——土佐人と敬語

土佐の歴史と風土によって育まれ、培われてきたと思われるが、土佐人は一般に、自己主張の心が強く、また人間平等の思想を強くもっている。この気質に因ると考えられるが、土佐人は、人を簡単には誉めない、人に敬意を表したがらない傾向がある。また、これも陽性で開放的な気質に因ると考えられるが、日常の会話では、もったいぶった話し方、上品ぶった話し方を嫌い、はっきりと、飾らずに直接的な言い方をする。この傾向は特に男性に強い。土佐弁には敬語が少ない、あるいは敬語がないとも言われるが、このようなことから言われるのであろう。

しかし、日々の暮らしの中で、人と人との係わりの中で、敬意を表した話し方をしなければならない、すなわち、敬語を使わなければならない時や事が必ずある。ここでは、土佐人が使ってきた敬語あるいは丁寧な言い方を挙げ、これらが、素朴ではあるが、心打つ優れた敬語・言い方であることを示したい。

1　挨拶言葉における敬語

前著『土佐ことば』で、私は、土佐の挨拶言葉として、次の十二を挙げた。これらは、丁重で、心のこもった、土佐独特の挨拶言葉である。言うまでもなく、敬語あるいは敬語を連ねた言い方である。

おしゅびように

結納・結婚式、入学試験など、大事な行事に臨む人を送り出すときに、首尾よく事が進みますように、めでたく事が進むように、の意で使われる。

おせいだいて

出掛ける人に、お気を付けて、の意で使われる。

ごいされませ

人の前を通ったり、人の間を抜けていくような場合に、「すみません。前を失礼します。どうぞそのままで」の意で使われる。〈ご〉は〈御〉、〈いされ〉は〈いざる〉(座る)の命令形〈いざれ〉が清音化した語。〈ごいされませ〉は、人の前を通るときだけでなく、「ごめんなさいませ」あるいは「失礼します」の意で、広く使われてきたようである。

まあまあ・・ごねんごろに・・たまりますもんか

お見舞いやお祝いを頂いたときに、感謝と恐縮の気持ちを込めて使われる。〈たまりますもんか〉は、驚きを表す〈土佐ことば〉の〈たまるか〉の丁寧語。

ごはんじょうでおめでとうございます

子供の誕生に対するお祝いの言葉。

おあんばいだそうで

病気にかかっているらしい人に対する、見舞いの挨拶言葉。〈あんばい〉は体調を意味する

〈按配〉。

おあしらいなさいませ

お大事になさいませ、の意の病人に対する挨拶言葉。〈あしらう〉は、養生する、の意の〈土佐ことば〉。

おとどしゅうございまいた

お久しぶりでございますの意。久しぶりに会った、親しい関係にある者の間で交わされる挨拶言葉。〈おとどしい〉は、疎遠である、の意の古語〈遠々し〉に〈お〉を付けた語。

ぎょしなりませ

〈ぎょし〉は〈御寝(ぎょしん)〉の簡略語。お休みなさい、に当たる寝る前の挨拶言葉。現在は殆ど使われていないと思われるが、床しさの匂う言葉。

(教えて)つかさいませ

敬意を添えてお願いする言葉。古語〈つか(使・遣)はさる〉を語源とする〈つかさる〉の命令形〈つかされ〉の丁寧語〈つかさりませ〉が変じた語。

だんだんとおさびしいことでございますろう

遺族の心を思い遣る、心のこもったお悔やみの言葉。

行《い》て参《さん》じます

行って参《まい》ります、の意。

2　日常会話における敬語

日常の土佐弁による会話の中で蒐集した敬語の幾つかの例を次に挙げる。土佐独自の敬語もあるが、一般の敬語である、語頭に〈お〉を付けた用語や〈です・ます・ございます〉などの丁寧語を使った、土佐独特と思われる言い方がある。

①〈お〉を冠した用語の例

・お神事《じんじ》　氏神の神祭《じんさい》のこと。主として、女性や子供が使う。

・おなばれ　神祭で、神輿《みこし》を担いで部落内をわたる行事、またその行列。

・お寺《てら》さん　菩提寺《ぼだいじ》のお坊さん。

「もうまあ、お寺さんが見えるきに、みんな座りなさい」(法事)

・おまさん・おまあさん　あなた(様)に当る、女性の日常語。

・おいとうさん　従兄弟・従姉妹。

・おとめ　物を頂いたときに、その容れものに入れるお返しの品。関西で言う〈おため〉。

・お葉《は》　葉菜類。女性が使う。

「このお葉、ちくとあぎがきちゅうけんど、よかったら食べてちょうだい」(〈あぎ〉は、収穫適期を過ぎてかたくなったもの)

・おたま　豆腐の〈おから〉。

②〈です・ます〉などの丁寧語を用いた例

「こればあでえいですろうか?」

「これでようございますろうか？」

「今日はまっことなぐれさしましたのう」（大切な時間を使わせましたねえ）

「だれましたろう」（お疲れになったでしょう）

③独特の敬語・丁寧な言い方

「お隣はお留守のようぢゃが」「お孫さんくへおいでたにかありません。お孫さんの話をしておいでましたきに」

「どこへおいでよります？」「ちくと高知へ」

例文の〈……にかありません〉は、推量の〈土佐ことば〉の〈……にかあらん〉の丁寧語。〈おいでる〉は、土佐で日常的に使われる〈行く・来る・居る〉の尊敬語。次節で詳しく採りあげる。

13　温かくて上品な日常語
――〈おいでる〉

〈おいでる〉は、行く・来る・居る、の尊敬語で、一般の尊敬語〈いらっしゃる〉に当る語。格式ばらずに使われる、温かくて上品な、土佐の日常語である。

次のように使われる。

1　行き先・出発の時期などを聞く　〈行く〉の尊敬語

「どこへおいでよります?」

「どこへおいでゆうぞね?」

「どこへおいでゆう?」

「どこへおいでちょりました?」

「どこへおいでちょったかね?」

「京都へはいつおいでます?」

「東京へおいでるのはいつ?」

2　来客を知らせる　〈来る〉の尊敬語

「田中さんがおいでましたよ」

「先生がおいでになりました」

「お友達がおいでたよ」

3　来客を歓迎して　〈来る〉の尊敬語

「ようおいでなさいました」

「ようこそおいでてくださいました」

「おいでたかね。待ちよったぞね」

4　親しい人の家を訪ねて　〈居る〉の尊敬語

「律さん……おいでますぅ？」（戸口で）

「俊やん……おいでるかね？」（戸口で）

「あら、おいでちょったかね」（訪問先で先客に）

5　丁寧に　〈居る〉の尊敬語

「息子さんは東京においでますろう」（東京に居られるでしょう）

「奥さんはお庭で花を植えておいでました」

「この前、お孫さんのことを話しておいでましたろう」

「誰を待っておいでます？」

「元気で歩いておいでましたに……まっこと……」（亡くなったと聞いて）

前著『土佐ことば』で触れたが（第四章「テレビドラマにおける土佐弁」）、二〇一〇年放映のＮＨＫ大河ドラマ「龍馬伝」に、江戸で、次のような場面があった。千葉道場主の娘佐那が龍馬の宿を訪ねてきた。龍馬は外出中であった。同宿の友人が、帰ってきた龍馬に「お嬢さんが来ちゅう」と、佐那が来ていることを告げた。

千葉道場主の娘に〈来ちゅう〉という言い方は礼を欠く。敬意を表して「お嬢さんがおいでちゅう」あるいは「佐那様がおいでちょります」と言うべきではないか。

土佐を舞台とし、土佐人が登場するドラマが放映されることは、私たちにとって嬉しいことであるが、土佐弁を使うのなら、用語の選択に細かい心遣いをしてほしい。雑な土佐弁を使うと、場面の雰囲気を壊し、また全国の視聴者に、土佐弁は下品で雑な言葉だという印象を与える。

繰り返し強調してきたことであるが、土佐弁を構成する〈土佐ことば〉は、表現が豊かで、方言という括りでは括りきれない、優れた独特の言語である。敬語もあれば丁寧な言い方もある。場面に応じた適切な用語を使ってほしい。土佐に係わるドラマは、単におもしろいというだけでなく、優れた人物を生む土佐の風土と土佐独特の優れた文化を伝えるものであってほしい。私の願いである。

14 土佐の〈食〉を巡って

——豊かな食文化と独特の呼称

土佐は、海の幸・川の幸・野の幸・山の幸に恵まれ、独特の、豊かな食文化が暮らしの中に活きている。食材・料理が豊かであるというのみならず、〈食〉に関係する用語や呼称に、土佐人独特の感性と優れた創語力というものが感じられる。

ここでは、蒐集した〈食〉に関係する〈土佐ことば〉を採りあげた(注1)。

あいくち

組み合わせがぴったりで、おいしい〈おかず〉ができる食材を〈あいくち〉(合い口)と言う。例をあげれば、きりがないが、例えば、〈あゆ〉と〈りゅうきゅう〉は〈あいくち〉である。京都では〈であいもん〉と言うようであるが(注2)、〈あいくち〉は、〈土佐〉を感じさせる、そのものずばりの、巧みな表現である。

あかもの

たい・あまだい・きんめだい・ほーぼー・ひめいち、などの、外見が赤い魚を〈あかもの〉と呼ぶ。白身(しろみ)で、魚の格付けでは上(じょう)ものである。

いけづくり

魚の姿をくずさずに作る、土佐独特の料理。お祝いの〈おきゃく〉に、皿鉢に盛られる〈たいのいけづくり〉が代表的なもの。

うるめ

鰯《いわし》の一種。うるめいわし（ウルメイワシ科）の略称。土佐湾で獲れる、安価で美味《おい》しい魚。やなせたかしさんの、高知新聞連載「オイドル絵っせい」（二〇一三年十月五日）に〈潤目《うるめ》〉についての文章がある。〈うるめ〉（潤目）という呼称に、「風流。詩的な感覚がある」と書かれている。〈沖うるめ〉と呼ばれる、安価でおいしい魚があるが、これは〈うるめいわし〉と違って、ニギス科の魚で、一般名は〈にぎす〉である。〈きす〉に似ているということから付けられた呼称と考えられる。

おきゃく

祝い事などに、酒・皿鉢料理を用意して客を招待する催しを、土佐では〈おきゃく〉と言う。〈おきゃく〉に因む、おもしろい言葉を蒐集しているが、これらについては前著で詳しく述べた。

かいさまずし

油揚げを裏返して白い方を表にし、すし飯《めし》あるいはごもく飯を包み込んだ〈いなりずし〉、〈たちうお〉の皮の方を裏に、身の方を表にし、すし飯の上に載せて作る〈おしずし〉などを、〈かいさまずし〉と言う。

〈かいさま〉は、裏返し・逆さま、の意の古語〈かへさま〉に由来する語。衣類の表・裏あるいは前・後の関係を示すのに使われてきた古語〈かへさま〉を、〈すし〉の用語に活かしている。土佐独特の食文化とともに、土佐人の優れた言語感覚を感じる。

かいさまもち

現在は、殆ど使われていないと思われるが、〈あん〉を餅の中へ包みこむ〈あんもち〉に対し、〈あん〉を餅の表に付けた、一般に〈おはぎ・ぼたもち〉と呼ばれる餅を〈かいさまもち〉と言う。〈おはぎ・ぼたもち〉は、優雅な感じを与える呼称であるが、古語に由来する〈かいさま〉を用いた土佐の呼称も、すばらしいと思う。

かつおのたたき

〈かつおのたたき〉は、土佐独特の料理。〈たたく〉という調理法を加えて作られるので、〈たたき〉と言う。作り方は地域により、料理人によって違いがある。作り方の一例を挙げる(注1)。

〈かつお〉の身の表面を軽く焼き、刺身の形に切り、塩をふって叩く。さらにゆず酢、醤油をふりかけ、軽く叩き、皿に盛る。かつおの上に、ニンニクの薄切りを散らし、さらにタマネギの薄切り等を散らす。

かつおの皮は堅いので、軽く焼くことにより、食べ易くなり、また香味を増す。塩・ゆず酢・醤油などをかけて〈たたく〉ことにより、独特の風味が備わる。

からいも

甘藷《かんしょ》に対する土佐の方言。〈からいも〉という方言は、四国・中国・九州の各県にある。土佐では現在、〈さつまいも〉という呼称が一般に使われ、〈からいも〉という呼称は、殆ど使われなくなっていると考えられるが、九州、特に鹿児島では、〈さつまいも〉ではなく、〈からいも〉が一般に使われているようで、おもしろい。

くまびき

一般名は〈しいら〉。身は白身で、味は淡白。刺身にするときは〈ぬた〉をかける。酢でしめて、キュウリと酢のものにする。また、フライなどにして食べる。

多量に獲れることから〈九万疋〉、またこの魚を釣ったとき、熊でも海に引っぱり込まれるほど引きが強いということから〈くまびき〉という名がつけられたと言われている。十《とう》も百も釣れる、ということで〈とうやく〉、また、淡白でおいしくないことから、猫も跨《また》いで通るということで、〈ねこまたぎ〉とも言われる。

江戸時代に発刊された諸国方言集『物類稱呼』の〈しいら〉の項に「筑紫にて。猫づら　薩摩にて。くまびき　肥前の唐津にて。かなやま 又 。ひいを と云　土佐にて。とうやく と云　乾《ほし》て賞玩する時は土州にても、くまびき といふ　江戸にても 猫づら 又 ひいを と云」とある。

土佐では、かつては〈とうやく〉が〈しいら〉の通称であったと考えられる。〈九万〉に因んで、〈くまびき〉はめでたい魚とされ、塩干物を婚礼の引出物に使う所もあるという。

さあちりょうり

皿鉢料理。皿鉢は、すしなどを盛る大型の皿で、サハチ・サワチ・サアチ・サーチなどと呼ばれる。〈おきゃく〉には皿鉢料理が用意される。さしみ、鰹《かつお》のたたき、すし・あえもの・煮物・羊羹《ようかん》・果物などの組み物を、それぞれ皿鉢に盛る。中央の皿鉢には〈鯛のいけづくり〉がすえられる。客は皿鉢から、好きなものを小皿にとって食べる。羊羹など、女性や子供用の甘い物も盛られている。開放的で、土佐人の平等思想が感じられる、豪華な独特の料理である。

すがたずし

魚の姿を残し、内部にすし飯を詰めた料理。土佐独特の料理で、鯖《さば》の〈すがたずし〉が代表的なものである。〈おきゃく〉の皿鉢には、切り目を付け、頭と尾を立てて盛られる。

せごし

四万十川の鮎料理に〈せごし〉がある。若鮎《わかあゆ》を、あたま・内臓を除いたのち、薄く輪切りにして〈りゅうきゅう〉と一緒に、酢のものにする。背骨をとらずに料理し、骨ごと食べることから、〈せごし〉と呼ぶようになったと考えられる。

広辞苑に、この種の料理は〈背越〉と記載されているが、土佐の〈せごし〉の〈ごし〉は〈越〉ではなく、ごと・一緒に、の意の〈土佐ことば〉の〈ごし〉であると考えられる。

川の早瀬を越すことの意の〈瀬越し〉という語がある。川を遡上《そじょう》する若鮎の姿にふさわしく、鮎料理を「瀬越し料理」とすると優雅である。しかし私は、〈土佐ことば〉の〈ごし〉を使った、具体的表現の〈背ごし料理〉が、土佐にふさわしい、優れた名称であると考えている。

たま・おたま

豆腐を作るときにできる〈おから〉を言う。大規模な工場生産は別として、豆腐は概ね次のようにして製造される。ダイズを水に浸漬して柔らかくしたのち、摩砕《まさい》してどろどろにする。これに水を加えて加温し、袋状の布を用いて濾過《ろか》する。袋に残った滓《かす》は、しぼって液をできるだけ回収する。布を通過した液にニガリを加えると、凝固して豆腐ができる。袋から取り出した滓は、手で球状に整えて販売される。この形状から、一般に言う〈おから〉を〈たま〉、通常は〈おたま〉と呼ぶ。〈おたま〉は、食材を大切にする人の心から生まれた呼称のように感じられる。

〈おたま〉を材料にした、〈鯛のたまむし〉と呼ばれる、豪華な皿鉢料理がある。〈すがたずし〉のように、鯛に味付けした〈おたま〉を詰め、蒸《む》して作る。

どろめ

鰯《いわし》(まいわし・うるめいわし・かたくちいわし)の稚魚を〈どろめ〉と呼ぶ。土佐湾は鰯類の主な産卵場であり、〈どろめ〉は、土佐人にとって、馴染《なじ》みの深い食材である。ポン酢や〈ぬた〉を付けて食べるとおいしい。季節により獲れる〈どろめ〉が異なり、春~秋は〈かたくちいわし〉の稚魚、秋~冬は、〈まいわし・うるめいわし〉の稚魚が主体となる。

鰯の稚魚の生《なま》は〈どろめ〉であるが、塩ゆでした、透明なものを〈ちりめんじゃこ〉、灰色に色づいたものを〈かちり〉、少し大きいものを〈かえり〉と呼ぶ。これらの名称で店頭に並べられる。

店頭に並べられている〈どろめ〉は、どろっとした寒天様の稚魚の塊の中に黒い目が斑点のように散らばっているように見える。この形状から〈どろめ〉という名称が付けられたと私は考えていたが、『高知の魚名集』(注3)は、〈どろめ〉という呼称を次のように説明している。

泥質の海底近くに住んで、目だけが見える。また、時化《しけ》後の濁った海で多く漁獲され、魚体は透明で見えにくく、目だけが確認される、などのためこの呼称がある。

香南《こうなん》市赤岡《あかおか》町に〈どろめ祭り〉という行事がある。〈どろめ〉を〈さかな〉にして、大きな杯につがれた酒を飲み干す時間と飲みっぷりなどを競う行事である。漁港に近く、手に入り易い、新鮮な〈どろめ〉と地酒を組み合わせた、土佐ならでは、の行事である。四月下旬に開催される。

にろぎ

一般名は〈ひいらぎ〉。柊《ひいらぎ》というモクセイ科の常緑低木がある。葉の縁に鋭い鋸歯《きょし》がある。この魚のひれは鋭く堅いので、柊の葉に因んで〈ひいらぎ〉と呼ばれるようになったと考えられる。土佐では〈にろぎ〉と言う。

高知新聞連載の、前掲の、やなせたかしさんの「オイドル絵っせい」に、〈にろぎ〉について次のような記述がある。「硬骨魚でヒイラギのようにギザギザがついている。ヒイラギの葉に似ているので似ヒイラギ、ニロギとなる」

直接的に、〈ひいらぎ〉とせず、〈似柊《にひいらぎ》〉→〈にろぎ〉となったという魚名説は、知的なものが感じられておもしろい。

のれそれ

〈あなご〉と〈うつぼ〉の幼生を〈のれそれ〉と言う。素人目には、〈たちうお〉の稚魚ではないか、と思われるような姿・形をしている。二杯酢や酢味噌をかけて、生で食べる。〈のれそれ〉という呼称の由来についてはよく分からないが、『土佐魚を味わう』(注4)に、次のような記述がある。

語源については明らかでないが、かつて地引き網を引いていたという古老は、「地引き網を引くと、ドロメは弱いき、すぐ死んで網にくっついてくるけんど、ノレソレはドロメの上に乗ったり、それたりしながら、網の底へ滑っていく」と言う。ノレソレの語源は、案外このような単純なところにあるのかも知れない。

ひがしやま・ほしか

〈ひがしやま〉は〈さつまいも〉を薄く切り、茹《ゆ》でて干したもの。〈ほしか〉は、生のまま、輪切りして干したもの。〈ひがしやま〉の〈ひがし〉は、本来〈干菓子〉であるが、洒落《しゃれ》て〈やま〉を付け、〈ひがしやま〉(東山)としたという説がある。〈ほしか〉は〈干し菓〉であろうか。

ぼふら

〈かぼちゃ〉の異称。〈ぼぶら・ぼうふら・ぼうぶら〉とも言う。〈かぼちゃ〉には、からうり・なんきん、などの異称もあるが、これらの呼称は、そこから渡ってきたと考えられる国、あるいは地方に因んで付けられたものである。

これに対し、〈ぼふら〉は、ポルトガル語の食材名〈ア・ボーボラ abobora〉に由来する語である。〈ぼふら〉が現在、どの程度使われているかは分からない。〈ぼふら〉は、十数年前、私が某病院に入院したとき、同室の糖尿病患者のお年寄りが、運ばれてきた食膳に、「また、ぼふらか……キリギリスぢゃあるまいに……」と嘆かれたのを聞いて、採集した語である。

まいご

土佐湾岸で獲れる巻貝の一種。螺塔《らとう》が平たく渦を巻いたように数多く巻いていることから名付けられたという(方言辞典)。〈まいご〉は味のよい貝ではないが、策略家を評する、土佐独特の喩え言葉「まいごのしりばあまわっちゅう」に使われている。

最近はあまり獲れないようであるが、仕出し屋などからとった皿鉢料理の組みものに使われていることがある。まいごの尻、つまり貝殻の螺旋《らせん》状の細密な渦巻き線をみれば、「まいごのしりばあまわっちゅう」がいかにおもしろい喩えであるかが分かる。

まわり

鮮魚、特に鮮度が問題になる鯖《さば》などについて、土佐の港に揚げられたものに対して、まわってきたもの、つまり県外港に揚げられ、土佐にまわってきたものを〈まわり〉と言う。

りゅうきゅう

一般には〈はすいも〉と呼ばれている。サトイモ科に属する植物。イモは食材にならないが、葉柄(茎と呼ばれている)は、酢のもの・汁の〈み〉・煮物・刺身の〈つま〉などに利用される。スーパーなどで売られているが、農家の屋地や畑の一隅に植えられている。私たちにとって、身近な夏から秋にかけての食材である。

注1　次の書を参考書に用いた。

・松﨑淳子ほか『聞き書き　高知の食事』（農山漁村文化協会・一九八六年）
・土佐伝統食研究会『土佐がうまい！――次世代に伝える食文化――』（土佐伝統食研究会・二〇〇六年）
・土佐伝統食研究会『土佐の食卓』（高知県農業改良普及協会・二〇〇七年）
・松﨑淳子『高知はこんな所です――高知伝統の食文化――』（二〇一三年）

2　杉田博明『京の口うら』（京都新聞社・一九九五年）

3　岡林正十郎『高知の魚名集』（一九八六年）

4　宮川逸雄『土佐魚を味わう』（高知新聞社・一九九九年）

5　蒲原稔治『原色魚類図鑑』（保育社・一九六一年）

15　天候を巡って
――日々の暮らしの中で創られた独特の用語

あかい・あからむ

土佐では、〈明るい〉を〈あかい〉と言う。古語〈あか・し〉(明かし)が変じた語と考えられる。明るくなる、の意の古語は〈あか・る〉(明かる)で、〈あからむ〉は〈あかる〉から導かれた語と考えられる。

〈あからむ〉は、一般には、夜が明けて空が明るくなることに使われるが、土佐では、この意のほか、曇っていた空に雲のない空間が見え出すことにも使う。

・家にいたりて、門に入るに、月明《あか》ければ、いとよく有様みゆ(明るい・土左日記)

・山ぎはすこしあかりて、むらさきだちたる雲のほそくたなびきたる(明るくなる・枕草子・一)

「空があこうなった。もうまあ日の出ぢゃろう」(明るい)

「空があかるみゆうきに、雨も止むろう」(明るくなる・青空が見え出した)

かみなりさまがあまった

雷が落ちた、の意。〈あまる〉の語源は、古語〈あもる〉と考えられる。〈あもる〉は〈あまおる〉(天降る)の転で、天上から地上にくだる、の意(古語辞典)。〈かみなりさまがあまった〉は、雷に対して怖れを抱く人の心が感じられる語。

・行宮《かりみや》に　天降《あも》りいまして　天《あめ》の下　治めたまひ（萬葉集・巻二・一九九）

「しょう光るのう。かみなりさまがあまったらこわい。外へ出られん」

くすぼる

〈くすぶる〉（燻る）の訛《なま》りで、不完全燃焼で煙の立っている状態を言うが、転じて、空が黒く煙ったような状態になることに使われる。土佐では、平野部に雪が降ることは殆どないが、北の山地には雪が降る。そのとき、北の空は黒く煙ったように見える。

「北がくすぼっちゅう。山は雪ぢゃろう」

くらがる

暗くなる・曇る、の意。古語〈暗がる・闇がる〉に由来する語。

「北がくらがっちゅうき、山は雨ぢゃろう。こっちにも来そうぢゃ」

さだち

にわか雨のこと。語源は、騒がしくなる、の意の〈さだつ〉（騒立つ）から創られた語と考えられるが、『土佐弁さんぽ』には、「〈さ〉は接頭語で、〈だち〉は夕立の〈立ち〉と同じで、にわかに起こる意と篠《しの》つく雨というように、竹を立てたように水柱が走ってゆくさまを表しているのではないかと考える」とある。

「さだちぢゃ。へんしも洗濯もんを入れにゃいかん」

しけ

〈時化〉。一般には、海が暴風雨で荒れることを言うが、土佐では、海のみならず、陸上が荒れることにも使う。

「今度のしけはしょうえらかった……。ハウス農家はまっこと大損《おおぞん》ぢゃねえ」

したらこい

じめじめしている、の意。雨が降り続いたりして、物が湿っぽくなる状態を言う。空気がしめっぽいことにも使われる。〈したる・し〉(し垂し)という同義の古語がある。〈したらこい〉はこの語に由来する語と考えられる。

・したるき麻の衣すすぎて(夫木《ふぼく》和歌抄 三六)(古語辞典)

「毎日雨が降って、まっことしたらこい」

「道がしたらこうて、靴が泥もぶれになった」(泥でひどく汚れた)

じとる・じとれる

物が湿気を帯びる・じとじとする、の意。

「袋に入れとかんと、じとってカビがくるぞね」

「ながせにゃ、なんもかもじとれて、まっこと心地がわりい」

しびる

凍《こお》る・凍《こご》える、の意。厳しい冷え込みが体に影響するさまを表す語。強調語は〈しびこおる・

しびしぬ〉。東北・北海道で使われる〈しばれる〉は類語。〈しびる〉は、物が寒気のために凍りつく、の意の〈しみる〉(凍みる)の訛《なま》りであろうか。古語は〈しむ〉(凍む)で、凍りつく、の意の〈しみこほる〉(凍み氷る)という語がある(古語辞典)。

・朝夕涼みもなきことなれど、身も凍《し》むる心地して、言はむ方なくおぼゆ(源氏物語・若菜下)

・しみ氷たるにも、又あつく苦しき夏も、(宇治拾遺物語 三〇・唐卒都婆血つく事)

「まっこと冷やかった。しびこおりよった(しび死によった)」(寒さの強調)

しぶった

土佐は、冬は寒いが、平野部では雨や雪は降らず、快晴の日が多い。しかし、時には、空が曇り寒々とした日がある。このような天気を〈しぶった〉と称する。〈しびった〉と言う所もある。凍《こお》る・凍《こご》える、の意の〈しびる〉(前述)から導かれた語であろうか。あるいは〈しぶ〉は〈渋〉であろうか。

「今日はしぶったぢゃ。しょう冷《ひ》やい」

ながせ

梅雨《つゆ》の方言。〈ながし〉と言う所もある。〈ながせ・ながし〉という方言は、土佐のみならず、四国・九州に広く分布している。梅雨を意味する古語は〈長雨〉(ながあめ・ながめ)・〈五月雨〉(さみだれ)で、古語〈つゆ〉は〈露〉しかない。〈梅雨《ばいう》〉という語は理解できるが、〈つゆ〉という語の成り立ちについてはよく分からない。露ができやすい、付き易い時期ということであろうか。

〈ながせ〉の〈なが〉は〈長〉であろう。〈せ〉は何であろうか。〈瀬〉に、川の浅瀬・川の流れの速い所、の意のほかに、例えば〈年の瀬・逢う瀬〉のように、時節・機会の意の用法がある(古語辞典ほか)。梅雨《つゆ》を〈ながせあめ〉という所がある(日本方言大辞典・熊本県阿蘇・大分県)。六月(陰暦では五月)に長期間降り続く雨を〈ながせあめ〉(長瀬雨)と呼び、略して(ながせ)に、訛《なま》って〈ながし〉になったのではなかろうか。『愛媛ことば図鑑』(注)には、次のように、ほぼ同様の説明がされている。「長は長月、瀬は年の瀬のように期間をあらわす」

これとは別に、春雨《はるさめ》・秋雨《あきさめ》・小雨《こさめ》・氷雨《ひさめ》などと同様に、長雨《ながあめ》を〈ながさめ〉と呼び、これが〈ながせ・ながし〉に訛ったとも考えられる。

注　土井中　照(二〇〇五年・アトラス出版)

ひだける

日が高くなること。古語〈ひたく〉(日闌く)が口語化したもの。〈闌《た》く〉は、日や月が高く上る、の意(古語辞典)。なお、〈ひだけた〉の形で、間の抜けた・時期遅れの、の意の用法もある。

・すこし日たけぬれば、萩などのいとおもげなるに、(枕草子・一三〇)

・日たくるほどに起きたまひて、格子手づから上げたまふ。(源氏物語・夕顔)

「夜更《よふ》かしして、ひだけるまで寝いっちゅう。まっこと困ったもんぢゃ」

ひやい

〈冷やい〉。寒い・冷たい、の意。〈冷《ひ》える〉(古語は冷《ひ》ゆ)から創られた形容詞。〈冷ややか・冷やか〉の変、あるいは名詞〈冷《ひや》〉から導かれたとも考えられる。

「今日はまっことひやい。田に氷が張っちゅう」

ひよりあめ

日が照っているのに、雨が降る天気。〈ひより〉(日和)は、よい天気の意。一般に〈狐の嫁入り〉と言われている天気。

ふきぶる

強い風雨で、雨が屋内に吹きこんでくる現象を言う。土佐は、台風でなくても、風を伴った大雨に襲われることが多い。日常的に使われる。

「ふきぶるきに、戸をたてなさいや」(戸を閉めなさい)

ぶらさがる

雨が今にも降りそうな状態を表現する語。

「今日は雨がぶらさがっちゅうに、降らんねえ」

「雨がぶらさがっちゅう。へんしも洗濯もんを入れにゃいかん」

ほのき・ほのく

〈ほのき〉は熱気のこと。古語〈ほめ・く〉(熱く)から創られた語と考えられる。〈ほめく〉の〈ほ〉は火の意。〈めく〉は接尾語。熱を帯びる・ほてる、の意(古語辞典)。

「今日はまっこと暑い。日が暮れたに、地《ぢ》にほのきが残って、ちっとも涼しゅうならん」

「湿をうったが、地《ぢ》にほのきが残っちゅうきに、すんぐに乾いてしもうた」（庭に散水）

〈ほのく〉は〈ほめく〉（熱く）の訛《なま》りと考えられる。熱気がある、の意。また、体が熱くなる・暑く感じるなど、体が熱くなって心地がよくない場合にも使われる。

「今日は朝からほのく。まっことたまらん」

「体がほのいて寝れん」

むせる

〈蒸せる〉。蒸し暑い状態を言う。風がなく、温度・湿度が高くて暑さがこもるように感じられる意（広辞苑）の〈蒸《む》す〉から創られた語と考えられる。関西で使う〈むしむしする〉に当たる語。

「今日はまっことむせるのう。地震でも来るがぢゃないかね」

第二章

独特のおもしろい〈土佐ことば〉選

〈土佐ことば〉は、土佐人が暮らしの中で、長い歴史を経て創りあげた、独特の優れた言語である。表現がいきいきとして豊かであり、また土佐人の陽気な気質に関係があると思われるが、ユーモアに富む語が多い。方言という括りでは括りきれない、豊かさをもつ、優れた独特の言語である。

前著『土佐ことば』で、蒐集語を分類・整理して示したが、本章は、土佐人の気質や、日常の暮らし・人間関係をいきいきと表していると思われる〈土佐ことば〉を選び、その後の検討結果を加え、次に示すように、類語あるいは関連語を並べる形で、意・用法の微妙な差に注意して整理した。そして、〈土佐ことば〉の表現の豊かさとおもしろさを、より明らかに示そうとした。

1　あきれがてんむく・あっぽろけ
2　まっぽがくらがる・だんつむ
3　まいがまわん・まいこます・ちゃがまる
4　よがたつ・つましい・しまかに・たそくになる
5　そんがいく・おおぞんまくる・あとへはう
6　せこい・ずるうない・たいそうな・じこくな
7　だれる・へたる・つきすわる
8　りぐる・だんつめる・もがる・もぢかう
9　さしきる・しきる
10　うどむ・なりこる・ひせる
11　ほたえる・そばえる・うわざえる・たばける
12　てがう・おこつる
13　どくれる・びんづる
14　そえる・へれる
15　たまかな・かりかりしちゅう・しゃっき
16　しょくがいく・くちをふてる
17　けんじょうにくる・かたがつかえる
18　いうてくる・こびく・あげがくる
19　じゅんにいく・じゅんがたつ・やみぬける
20　あしらう・しつくろう
21　としやまい・ほうれき・ほろけ
22　みいれる・みてる・むかえり
23　たるい・たすい・またい
24　さどい・はしかい・しわい

25 へこむつかしい・なやしがない
26 げに・げにやる
27 めっそう・めっそうな・めっそうもない
28 いちむじんに・しんもって・せいぎり・しにかまんで
29 ひがちになる・いりいる・こみこむ・むくる
30 とれる・ずびあがる・ぢをはう
31 きばる・りきむ・たぎる
32 えらたがる・かかりこむ・ぶりつく
33 めくちする・めだれをみる・めのはらがいたい
34 くつろぐ・いられる・ぞうもむ・ぞうくそがわりい・ろりろりする
35 める・たすうなる
36 てにあわん・てにあわん
37 まどろこしい・ましゃくにあわん・しゃらくがはやい
38 まてしばしがない・まてもしばしもない
39 へんしも・ざんじ
40 びっしり・ぢょうく・じょうび
41 でんづきでんづき・かったし
42 ぼっちり・ぢょうぶに・たるばあ
43 ぎっしり・ぎっちり・きっちり
44 えたれる・しょうたれる
45 こうべる・だてをこく
46 さらんてい・へちむく
47 のうがえい(わりい)・ためがえい(わりい)
48 ぢけがでる・まいごのしりばあまわっちゅう
49 ぐじくる・ごだをいう
50 へごな・やくたいもない・やちもない
51 あだつ・せちこむ
52 しのべる・かたづめる・くるめる・かためる
53 かまえる・こんだてる・だんどる
54 せいとうする・くるめる
55 しよい・せわない
56 やくがかかる・ろうがいく・なぐれる
57 たいて・たかで・どだい
58 ほたくる・ちらばかす・つくねる・おいさがし・やりくさし
59 まける・まけまけ・よぼう
60 ちん・うまあい・とぎ
61 すつぶり・すめ
62 さでる・とりつけさでつけ・さらばえる
63 かいさま・さかし・すぐい・ろくい
64 たくすなる・たくすねる
65 ひこずる・ひこづる・ひこじる
66 おしゅびように・おせいだいて・ごいされませ
67 こぐ・まざく・わく・あらける
68 ほこる・きおう・あぎる
69 いける・いかる・うもる・いやす・いやる

1　あきれがてんむく・あっぽろけ

〈あきれがてんむく〉は〈あきれる〉(呆れる)ことを強調した〈土佐ことば〉。あきれて物が言えない、あきれて口がふさがらない、あきれ返る、などという言い方があるが、〈あきれ〉を主語にして〈てんむく〉(天向く)という言い方がおもしろい。茫然自失《ぼうぜんじしつ》する、の意の〈まっぽがくらがる〉と類似の形の、〈土佐ことば〉独特の強調表現である。

「また別れたというかね。三回めぢゃいか。まっことあきれがてんむく」(離婚したと聞いて)

〈あきれる〉の強調表現として、方言辞典に〈あきれがかたこす〉が、広辞苑に〈あきれが宙返りする・あきれが礼を言う・あきれもせぬ〉が、日本方言大辞典に〈あきれそっかえる・あきれちょんがる〉が出ている。

・何のこった、あきれが宙返りして、葺屋川岸へ軽業を出さア(洒落本・辰巳婦言)(広辞苑)

・死んだ人に道を教えて遣るとは、あきれが股引で礼に来る(洒落本・無陀物語)(広辞苑)

・あきれもせぬ事をいふ(狂言・鐘の音)(古語辞典)

・それにはあきれそっけあった(岩手県・日本方言大辞典)

・あいつの嘘つきにはあきれちょんがる(和歌山県・日本方言大辞典)

土佐の〈あきれがてんむく〉は、これらの強調語に比べて、遥かにおもしろく、また言い易い。私が気に入っている〈土佐ことば〉の一つである。

〈あきれがてんむく〉と意・用法は少し違うが、類似の強調表現に**〈あっぽろけになる〉**がある。方言辞典に「呆然となる」と説明され、次の用例が示されている。

「ちっと見ん間に、あんまりきれーな娘さんになっちょったき、アッポロケニナッて、見よった」

実際には、〈あっぽろけ〉という短縮形で、あっと驚くようなこと、あきれ返るようなことが起こったとき、肩すかしをくったようなときなどに、ふざけぎみに、ジェスチャーをまじえて使われることが多い。

「お祝いにお包みをもろうたが、開けてみたらあっぽろけ……なかはからぢゃった」

〈あっぽろけ〉の語源は何であろうか。〈ほろけ〉という〈土佐ことば〉がある。ぼけることで、動詞は〈ほろける〉である。〈惚《ほ》ろけ・惚《ほ》ろける〉で、ぼんやりする・ぼける、の意の古語〈ほる〉(惚る)あるいは〈ほく・ほうく〉(惚く)に由来する語と考えられる。

驚きの声〈あっ〉、あるいは、あっけにとられる、の〈あっけ〉(呆気)の〈あっ〉に、〈ほろけ〉をつないで、〈あっぽろけ〉が創られたと考えてみたが、どうであろうか。

〈あきれがてんむく・あっぽろけ〉は陽気な土佐人の気質が生んだ、独特のユーモアに富む強調表現である。腹立たしいことの多い世の中であるが、四捨五入すれば九十という、齢《よわい》を重ねつるわが身を考え、私はこれらの語を使って、怒りや嘆きを笑い飛ばし、安穏《あんのん》に明るく暮らしていきたいと思っている。

2　まっぽがくらがる・だんつむ

〈まっぽがくらがる〉は、目の前が真っ暗になる、どうしてよいかわからなくなる、茫然自失《ぼうぜんじしつ》する、などの意。**〈だんつむ〉**は、深刻な事態に陥って、どうしようもなくなった、破局に陥った、などの意。いずれも深刻な事態を表す土佐独特の言葉である。

「去年は大水で、畳も店の品も、泥水に漬かって、まっことまっぽがくらがったわね」

「あこのお店《みせ》、不景気でだんつんだにかあらん。閉まったきりぢゃし、人もおらんぞね」

〈まっぽがくらがる〉の〈まっぽ〉は〈末法《まっぽう》〉の変、〈くらがる〉は、暗くなる・暗闇になる、の意の古語〈くらがる〉(暗がる・闇がる)と考えられる。

〈末法〉は仏教語で、釈迦死後の仏教流布の期間を三つに区分した最後の期間のことで、仏法が衰え、修行する者も悟る者もいなくなって、仏法のみが残る期間とされる(広辞苑)。この本来の意から〈末法〉は〈末世《まっせ》〉、つまり人情がすたれ、乱れた世の意にも使われる。

〈世も末〉という言葉がある。末法思想から生まれた、世の中の救い難い有り様を嘆く言葉である(広辞苑)。「世も末ぢゃ」という嘆きの言葉をよく耳にする。行き詰まった、救いがない、お先まっくらだ、の意で使われる。

〈まっぽがくらがる〉は、極めて厳しい状態を表す語として〈末法〉を主語にして、類似の事態を表す動詞〈くらがる〉で結び、どうしてよいかわからない深刻な状態を強調して表現した語と考えられる。形は、既述の〈あきれがてんむく〉と同じである。助詞〈が〉によるつなぎは、語呂《ごろ》を滑らかにして言い易く、日常の強調表現として受け入れられ、定着したと考えられる。

〈だんつむ〉の〈だん〉は手段あるいは段階の〈段〉、〈つむ〉は、行き詰まる、の意の〈詰む〉で、回復の手段・方策が無い、あるいは最終段階になった、破局に陥った、という状態を示す語である。

〈土佐ことば〉には強調表現が多い。土佐人の明るく開放的な気質が生み出したと考えられるが、〈まっぽがくらがる〉と〈だんつむ〉は、表現が直接的で、簡単・的確である。深刻な事態を表わしながら、ユーモアが感じられる。言い易く、独特の喩え言葉として日常に定着したと考えられる。

3 まいがまわん・まいこます・ちゃがまる

〈まいがまわん(まいがまあん)〉は、経済的にいき詰まって、動きがとれなくなること。「あしの稼《かせ》ぎが悪《わり》いきに、嫁さんに働いてもらわな、まいがまわなあよ」

〈まい〉は〈舞〉で、家の経済・暮らしの意に、〈まわん〉は〈舞わん〉あるいは〈回わん〉で、うまくまわらない・やりくりできない、の意に使ったと考えられる。

なお、〈まわん〉は、〈まわらん〉の短縮形で、まわらぬ・まわらない、の意。〈首が回らぬ〉

という類似の喩えがあるが、土佐の〈まいがまわん〉は、これに比べ遥かにおもしろい。

〈まいこます〉は、事業に失敗したりして、家を売らなければならないような事態にすること。方言辞典に、〈まいこます〉は出ていないが、同義の〈まいこむ〉が掲載されている。

「あこは、家を継いだ息子が何をやらかしたか知らんが、まいこましたと」

「あの家も、相場に手を出して、とーとーマイコーだらしい」（方言辞典）

〈まいこました〉は〈舞い込ました〉であろうか。語の成り立ちについては、よくわからない。しかし、受ける語の感じから、深刻な事態に陥ったことを、ユーモラスに表現していることが感じとれる。

〈ちゃがまる〉は、何らかの打撃を蒙《こうむ》って動きがとれなくなることを表す語。この語から、昔話の〈ぶんぶくちゃがま〉が浮かぶ。土佐では、〈ちゃがま〉を〈ちゃまが〉と言う（音韻転倒）。この〈ちゃまが〉と、うずくまる、の意の〈しゃがむ・しゃがまる〉の混交で〈ちゃがまる〉が創られたと考えたが、どうであろうか。

「ありゃー、くるまがちゃがまっちゅう」（故障で動けなくなっている車を見て）

「あの人もはんさかやりよったが、ちゃがまったと……」（事業に失敗して廃業に追いやられたようだ）

車の故障で困っている人、廃業に追いやられた気の毒な人に同情して言っているのではない。ちゃがまっていること、ちゃがまったことを、少し喜んで言っているのである。ユーモアが感じられておもしろい。

なお、例文の〈はんさか〉は盛大に、の意の〈土佐ことば〉。繁盛あるいは繁栄を音・訓でハンサカと読み、日常会話に副詞として使われるようになったと考えられる。

4　よがたつ・つましい・しまかに・たそくになる

〈よがたつ〉の〈よ〉は〈世〉で、家の暮らし向き・経済のこと。〈よがたつ〉は、家の経済が安定し、栄えることを言う。**〈つましい〉**は〈約しい・倹しい〉で、暮らしぶりが質素で、地味なこと。堅実なこと。

・子ゆゑに世の立たぬ事となり果て、（井原西鶴・織留）

「あればあつましかったら、よがたつ」

〈しまかに〉は、まじめに・堅実に、つましく、などの意。まじめな・堅実な、の意の〈しまかな〉も使われる。

「高校のときゃ、ぐれて、心配させよったが、かまんもんぢゃ。嫁さんもろうて子ができてからは、まっことしまかにやりゆう」（近所で聞いた）

「あこはしまかなお家《うち》ぢゃ。見習わないかん」

〈しまる〉（締まる・緊まる）という語がある。しっかりしている・倹約するようになる・品行がよくなる・たるんだところがなくなる、などの意で、日常の行動・生活態度・気構えなどを表す語である（広辞苑）。〈しまかに・しまかな〉は、この〈しまる〉から創られた語と考えられる。

〈たそくになる〉は、生計の足しになる・補いになる、の意。〈たそく〉は、〈助け〉の転訛《てんか》、〈扶《たす》く〉の名詞化、あるいは〈多足〉であろうか。

「あこは、息子が高校すんで働きだしたきに、たそくになるろう」

5　そんがいく・おおぞんまくる・あとへはう

〈そんがいく〉は、損をすること。〈いく〉は状態・進行を微妙に表現する土佐独特の語。〈いく〉を使った語に〈そんがいく〉のほか、あまぐらがいく・うちぐれがいく・ろうがいく、などがある。

「そんがいくにきまっちゅう。その話、断ったがえいぞね」

〈おおぞんまくる〉は、大きな損をすること。損をしたことを、ふざけ気味に、大げさに言う語。事業に失敗したような深刻な場合ではなく、投機的なこと、かけごと的なことなどで、損をしたような場合に自嘲的に使われる。〈まくる〉は、動詞に付いて、飲みまくる・やりまくる、のように使われる強意の接尾語であるが、〈おおぞんまくる〉は、名詞に直接つないでいる。いきいきとしたおもしろい表現。

「まっこと見込みちがいぢゃった。おおぞんまくったわね」

〈あとへはう〉は〈後へ這う〉。損が出る。損が残る、の意。おもしろい表現。
「あの人のうまい話に乗っちゃいかん。あとへはうが落ちぢゃきに」

6 せこい・ずるうない・たいそうな・じこくな

〈せこい〉は一般には、けちくさい、の意で使われるが、土佐では、無理だ・辛い・たいへんだ、の意で使われる。
「これは一日仕事にゃ、ちくとせこい」(無理だ)
「この坂は年寄りにゃ、まっことせこい」(辛い、難儀だ)

〈ずるうない〉は、仕事などが簡単でなく、骨が折れることを表す語。〈ずるい〉は、しなければならないことを巧みに怠けることを表す語であるが(広辞苑)、〈ずるうない〉と否定形で使い、ずるくはできない、楽《らく》してうまくやろうとしてもできない、ということから、仕事などが簡単にはできない・骨が折れる、の意に使われるようになったと考えられる。
「お年寄りの介護はずるうないぞね」

〈たいそうな〉は〈大層な〉で、通常、甚だしい・大げさな、などの意で使われるが、土佐では、体がしんどい・辛い・難儀だ、の意で使われる。〈たいそな・たいそい〉とも言う。

「みょうにたいそうなと思いよったら、かぜぢゃった」
「たいそなけんど、今日中にどういても行《い》てこないかん」
「またやりなおさないかんと……三回めぢゃいか。まっことたいそい」

〈じこくな〉は、苦しみ・辛さの甚だしいことを表す語。〈じこく〉の語源として、語意から〈地獄・地獄苦〉を考えたが、これらは本来〈ぢごく・ぢごくく〉であり、疑問が残る。〈じんこく〉(甚酷)の変も考えてみたが、語源についてはよく分からない。

「炎天下の稲刈りは、まっことじこくなことぢゃった。アキネツで死んだ人もあったんぢゃ」(近所のお年寄りの話。稲の二期作が盛んな頃の真夏の第一期作の稲刈り。アキネツは急性肝炎のこと)

7 だれる・へたる・つきすわる

〈だれる〉は一般には、緊張がゆるんで締まりがなくなる・気持ちがゆるむ、などの意で使われるが、土佐では、疲れる、の意で使われる。強調語は〈だれこける〉である。

「今日は仕事をつめてしたきに、しょうだれた。いっぱいやるかよ」
「だれましたろう。今日はまっことご苦労ぢゃった」

〈へたる〉は本来、尻をつけて座《すわ》ることであるが(広辞苑)、土佐では、疲れ果てる、の意で使われる。強調語は〈へたりこむ〉である。なお、〈へたる〉は精神的に弱り果てることに、また物の質の低下にも使われる。
「朝早うからつめて仕事したきに、しょうへたった」
「あの人は、失業して困っちゅうに、奥さんが病気で、へたりこんぢゅうと」
「この鞄《かばん》、だいじに使いよったが、ちくとへたってきた」

〈つきすわる〉は、疲れて座《すわ》りこむこと。〈つき〉は〈膝をつく〉の〈つき〉であろう。
「暑いなかを歩いてきたきに、だれて、つきすわったわね」

類似の語について記述したが、〈土佐ことば〉の表現の豊かさ・おもしろさを改めて感じる。

8 りぐる・だんつめる・もがる・もぢかう

ここに示す〈土佐ことば〉は、徹底しなければ気がおさまらない、土佐人の気質をいきいきと表す、独特のユーモアに富む日常語である。

〈りぐる〉の元の形は〈理を繰る〉で、〈理〉は理屈・理論の〈理〉、〈繰る〉は、繰り返す、繰り言などの〈繰る〉である。〈理を繰る〉を〈りぐる〉と詰めて、強い印象を与える語にして使われている。理屈を言って執拗《しつよう》に責める、の意。強調語は〈りぐりすえる〉である。

類似の表現に〈理屈をこねる〉があるが、〈りぐる〉は、単に理屈を〈こねる〉だけではない。理屈を述べて、相手を責めることを表す語である。〈りぐる〉には、この意・用法のほか、念をいれる、の意にも使われる。〈りぐる〉習性のある人を〈りぐり〉と言う。

「相談せんづくに勝手にきめたゆうて、親父にりぐりすえられた」（理詰めで徹底的に責められた）

「あこは、家もぢゃが、門も塀も、しょうりぐっちゅうのう」（材料も造りも並でない）

「あこのおんちゃんはりぐりぢゃきに、めったなこたあ言われんぞね」（理屈を言って執拗に責める人）

「あこは母親がりぐりぢゃきに、息子の嫁がなかなかきまらん」（念をいれる難しい人）

〈だんつめる〉は、理論で責めて徹底的に追い詰めること。〈だん〉を〈段〉とする説もあるが、私は〈談〉と考えている。徹底しなければ、気がすまない土佐人の気質から生まれた言葉。「こじゃんとだんつめられた」のように受動態で使われることが多い。〈こじゃんと〉は、徹底的に、の意。

「犬のしつけが悪《わり》い言うて、隣のおんちゃんにだんつめられた」

「服に泥はねたゆうて、こじゃんとだんつめられた」

〈もがる〉は、右と言えば左、左と言えば右、というように相手の意見に逆らい、執拗《しつよう》に反対意見を言うこと。このような習性のある人を〈もがり〉と言う。

〈もがる〉について、国語大辞典に「①異議を申し立てる・抗議する・さからう・反抗する ②言いがかりをつけて金品をねだる」とある。土佐の〈もがる〉は、①の意に近い。

・此上外へ談合あらば必そこはもがるぞゑ(浄瑠璃・猫魔達 三)(国語大辞典)

『土佐弁さんぽ』には、「他の人の言うことに逆らうこと、抗弁することを言う」とあり、また語源について、「〈捥《も》ぐ〉からでているのではないか。もぐは果物をもぐのもぐで、ねじってとることをいう。このねじるが反抗の意に通ずるのではないか」とある。

〈もぢかう〉は、「そうは思わん。あしの考えは……」などと、自説を滔々《とうとう》と述べて、相手の意見に反対し、譲らないこと。〈もがる〉と似ているが、〈もぢかう〉は〈もがる〉よりも理屈っぽい、よく言えば理論的な物言いである。

語源は〈捩交《もぢか》ふ〉と考えられる。〈捩《もぢ》る〉は、ねじる・よじる、の意。〈交ふ〉は、動詞の連用形の下に付いて、互いに……し合う、の意(古語辞典)。〈もぢかう〉は江戸時代に、浄瑠璃で、逆らう、の意に使われている。

・夫れさへさす汐引く汐にもぢかふて船に過有時は八万ならくの憂き目を見(文耕堂ほか・平仮名盛衰記 三)(国語大辞典)

・ハアハアッと平伏するばかりにて、重ねて誰がもぢかふべき(河内國姥火 一)(国語大辞典)

〈土佐ことば〉の〈もぢかう〉は、浄瑠璃などで使われている、単に、逆らう・反対するということではない。また、〈もぢ・交う〉であるが、互いにし合うというよりも、むしろ一方的な言動である。一方的な物言いである。

〈もがる〉と〈もぢかう〉は、他県にも方言として残っているようであるが、日常語として最も活きているのは土佐であろう。

9 さしきる・しきる

〈さしきる〉は〈指し切る〉。将棋に〈指し切り・指し切る〉という用語があり、差し迫る・思い切る、の意の〈差し切る〉という語もあるが（広辞苑）、土佐の〈さしきる〉は、これらとは異なり、指導力を発揮し、もめごとや相談ごとを捌《さば》き決めることを言う。

部落の話し合いなどでは、さしきる人がいなければ、決まらないことが多い。それなりに重みがあり、弁のたつ人でなければ、さしきることはできないであろう。

方言辞典に〈さしきる〉は出ていないが、〈さしきり〉が掲載されている。「干渉すること」とあり、次の用例が示されている。会などで、出しゃばって、指し切ろうとする人の行動を言うのであろう。

「でしゃばってサシキリするもんぢゃない」（方言辞典）

〈しきる〉は〈仕切る〉。本来、区画する・限る・間を断つ、などの意であるが（広辞苑）、土佐では、行事の準備や進め方などを差配する、の意に使い、通常は、日常の些細《ささい》なことに口出しして、指図する言動に対し、顰蹙《ひんしゅく》して使われることが多い。

「あの人はしょうしきる」（口出ししてなんやかやと指図する。顰蹙して）

土佐人には、わが身を顧みず、さしきろう、しきろう、とする人が多い。〈さしきる・しきる〉という語が日常に活きている所以《ゆえん》である。

10 うどむ・なりこる・ひせる

〈うどむ〉は、大声をあげて騒ぐこと。方言辞典に「〈うなる〉と〈どよむ〉の混交か」とあり、『土佐弁さんぽ』には、「どめく(がやがやと騒ぎたてる)・どよむ(物の音が鳴り響く)と同じ語源の系統と考えられる」とある。強調語は〈うどみかやる〉である。

「隣がえらいうどみゆうが……何ぞあっつろうか」

「優勝旗をもって帰ってきたら、まっこと、町の人が駅でうどみかやって迎えてくれた」

〈なりこる〉は、大声で喚《わめ》き散らすこと。〈うどむ〉と似ているが、〈うどむ〉は個人よりも、ある集まりについて言う語であるのに対し、〈なりこる〉は、個人の言動について言う語である。

「あの人は、たいしたことでもないに、すんぐになりこる。困ったお人《ひと》ぢゃ」

「子供がうちの犬に咬まれたゆうて、隣のおんちゃんがなりこうて来た」

〈ひせる〉は、子供が病気やけがなどによる苦痛に我慢《がまん》できず、泣き叫ぶこと。強調語は〈ひせくる〉。語源は、叫ぶ・大声をあげる、の意の古語〈ひしる〉と考えられ、三重・和歌山・大阪では〈ひしる〉が使われているという(続 土佐弁さんぽ)。子供などが苦しみ泣く声を表す語に〈ひいひい〉がある。〈ひせる〉は〈ひいひい〉から導かれたとも考えられる。

・山に遊びあるけるに、鹿のひしるこゑのしければ、(散水奇歌集・雑・上)(国語大辞典)
「この子は、注射器を見ただけでひせくる」

11

ほたえる・そばえる・うわざえる・たばける

〈ほたえる〉は、ふざけること。ふざけ騒ぐこと。近世語で近松門左衛門の浄瑠璃などによく出てくる。土佐のみならず、各地に方言として残っているようである。

・お前はどこぞわきで遊んで下さんせと。言へどもほたえた顔つきにて、(近松門左衛門・心中天の網島)

・あんだれめにはこぶし一ッあてずほたえさせ、(近松門左衛門・女殺油地獄・中之巻)

江戸時代に編纂《へんさん》された諸国方言集「物類稱呼」に、「ざれたはるゝ事を 上方にて ○ほたえると云 關東にて ○をどけると云 又うけるといふ 又そばへるといふ 陸奥にて ○あだけるといふ」とある。

坂本龍馬が京都近江屋で刺客《しかく》に襲われた時のこと。階段の辺りで激しい物音がするのを聞き、龍馬は下僕《げぼく》がふざけていると思って、「ほたえな」と声を掛けた。その直後に、二人の刺客が飛び込んできたという(注)。

〈ほたえな〉は、〈ほたえるな〉の短縮形である。騒ぐな、静かにせよ、の意で使われる。主として子供に使い、大人に使うことは殆どない。せいぜい若者までである。

「夜遅うまでほたえな」

「今日はおばあちゃんのお祭りぢゃ。お寺さんがもうまあ見えるきに、ほたえられんぞね」

〈そばえる〉は、ふざけ騒ぐこと。戯《たわむ》れること。〈そばこえる〉とも言う。古語〈そばふ〉（戯ふ）に由来する語。

・そばへたる小舎人童《こどねりわらは》などに、ひきはられて泣くもをかし（枕草子・三九）

「おばあちゃんが病気で寝ゆうきに、そばえたらいかんぞね」

「お姉ちゃんは明日試験で勉強しゆうき、ねきでそばこえられん」（〈ねき〉は傍《そば》の意・ふざけたり、騒いだりしてはいけない）

〈うわざえる〉は調子に乗ってふざけ騒ぐこと。〈うわ〉は上調子《うわっちょうし》の〈うわ〉と同じ接頭語。〈ざえる〉は、戯《たわむ》れる・ふざける、の意の〈ざれる〉、あるいは騒がしくものを言う、の意の〈さえく〉（喧く）の訛《なま》りと考えられる。

「えらいうわざえちゅうが、えいかげんにせんと、隣のおんちゃんに怒られるぞね」

〈たばける〉は、ふざけること。〈戯《たわ》ける〉（古語は戯《たは》く）の転訛《てんか》と考えられる。

・たはけたことぬかすまい（近松門左衛門・傾城反魂香）

「たばけたことをしなさんな」

注　平尾道雄『龍馬のすべて』（久保書店・一九六六年）

12　てがう・おこつる

〈てがう〉は、近世語〈てんがう〉に由来する語と考えられる。〈てんごう〉は、ふざけること、またそのさま、冗談《じょうだん》、いたずらなどの意(古語辞典)。土佐の〈てがう〉は、ふざけることのほか、幼い子をあやすことや、犬・猫などを、ふざけぎみにかわいがることにも使われる。

・てんがうな手形を書き無筆の母御をなだめしが、(近松門左衛門・冥途の飛脚・中之巻)

「娘さんをめっそうてがわれん。こまっちゅうやいか」(若者に)

例文の〈めっそう〉は、あんまり・そんなに、の意の〈土佐ことば〉。

〈おこつる〉は、からかうこと。〈をこつる〉(誘る)という古語がある。騙《だま》して誘う・すかし欺《あざむ》く・機嫌《きげん》をとる、などの意(古語辞典)。土佐の〈おこつる〉の語源として、古語〈をこつる〉が挙げられているが(土佐弁さんぽ)、土佐の〈おこつる〉は古語〈をこつる〉とは意味が違う。

〈てうける・ちょうける〉(戯ける)という語がある。ふざける・からかう、の意で、浄瑠璃などに使われている。

・「ませよませよ」と指ざして佻戯《てうげ》かゝるを……(竹田出雲ら・菅原伝授手習鑑・四段目)

私は、〈てうける・ちょうける〉が〈ちょくる〉に、更に、関西では〈おちょくる〉に、土佐では〈おこつる〉に変じたと考えたが、どうであろうか。

「おこつるのをやめなさいや。泣きそうになっちゅうやぃか」

13　どくれる・びんづる

〈どくれる〉は、拗《す》ねること。〈どぐれる〉とも言う。〈どくれる〉習性のある人を〈どくれ〉と言う。

江戸時代の浄瑠璃に、つれなく言う言葉・叱責・すねて言う言葉、の意で、〈どくれこと・どくれことば〉という語が使われている(国語大辞典)。

・篤《とつく》りと思案して、其上での事いのと、天窓下《あたまくだ》しのどくれ言(軍法富士見西行　四)(国語大辞典)

・心に思はぬどくれ詞《ことば》(右大将鎌倉実話　三)(国語大辞典)

土佐の〈どくれる〉は、〈どくれこと・どくれことば〉の〈どくれ〉に由来すると考えられるが(土佐弁さんぽ)、私は次のように考えたが、どうであろうか。

〈ぐれる〉という語がある。〈ぐれ〉の動詞化で、①予期したこととくいちがう　②わきみちへそれる、の意(広辞苑)。土佐では、この意のほか、①家を留守にして出歩く　②拗ねる　③家庭等の平和が破れる、の意で使われる(方言辞典)。〈どくれる〉の〈ど〉は、強意の接頭語で、〈どくれる〉は拗ねる、の意の〈ぐれる〉を強調した語である。

「あの子は何かゆうと、すんぐにどくれる。困った子ぢゃ」

〈びんづる〉も拗《す》ねることで、子供に対して使う。〈びんづる〉はもともと、竿秤《さおばかり》に重い物を吊《つ》って竿の端がぴんと上がる、天秤《てんびん》の皿の片方が重さの不均衡《ふきんこう》で、ぴんと上がるなど、力のモーメントの差で、一方がはね上がる現象を言う語である。この〈びんづる〉が、どのようにして〈拗ねる〉の意に使われるようになったかについては、よく分からない。

「気に入らんゆうて、びんづるもんぢゃない」

「びんづった……びんづった……」(拗ねる子供をからかう)

14

そえる・へれる

〈そえる〉は、体を前に傾けて急いで行く様子を表す語。道などを真っすぐに行くつもりが、無意識のうちにそれてしまうような場合にも使われる。〈そよる〉とも言う。語源は、〈逸《そ》る・逸《そ》れる〉と考えられる。〈逸る・逸れる〉は、思いがけない方向へ向かって行く、離れて行く、の意(広辞苑)。

「何ぞあっつろか。えらいそえって行きゆうが」

「としをとると平衡感覚が鈍《にぶ》って、ひんづとそよるようになる。あんまり端を歩かれんぞね」

例文の〈ひんづと〉は、自然に、の意の〈土佐ことば〉。

〈へれる〉は、的から外れること。進むべき方向から外れること。〈へち〉という語がある。〈へ〉は辺あるいは端、〈ち〉は、彼方《あち》・此方《こち》の〈ち〉である。〈へれる〉は〈へち〉から創られた動詞、あるいは辺・端の〈へ〉から創られた動詞と考えられる。〈へれる〉は訛《なま》って〈ひょれる・ひょうる〉とも言われる。

「どうゆうもんぢゃろ。あしの球は右にへれる」(ゲートボール)

15

たまかな・かりかりしちゅう・しゃっき

〈たまかな〉は、元気な・しっかりしている、の意。主としてお年寄りに対して使う。

「うちのばあさんは、たまかなもんぢゃよ。朝早う畑へ出て、ことこと仕事しゆう」

井原西鶴の作品に〈たまか・たまかな〉が出てくるが、実直である、の意と、つましい、の意で使われており、土佐の〈たまかな〉とは意味が違う。

・その男身すぎをわきまへ、……、たまかならば、とらすべきに(実直・好色五人女・巻二)

・源氏火《げんじび》にて文を読《よむ》など、たまかな事也。(つましい・好色二代男・巻六)

坂本龍馬が姪《めい》春猪に宛てた手紙(慶応三年一月)に、〈たまか〉が使われている。この〈たまか〉は、〈しっかりしている〉の意で、正《まさ》しく〈土佐ことば〉である。(注)

・おまへハ人から一歩もたして、をとこという男ハ皆にげだすによりて、きづかひもなし。又やつくと心もずいぶんたまかなれバ、何もきづかいハせぬ。

文中の〈やつくと〉は、あいにく、の意の〈土佐ことば〉。

注　宮地佐一郎『龍馬の手紙』(講談社・二〇〇三年)

〈かりかりしちゅう〉は、お年寄りが至極元気で、矍鑠《かくしゃく》としている状態を表す語。〈かりかり〉は、堅いものを噛《か》み砕く軽い音を表す語である。また、神経が苛立《いらだ》っているさまを表し、「かりかりしなさんな」のように使われる。

土佐の〈かりかりしちゅう〉の〈かりかり〉は、これらと意・用法が違う。〈かりかり〉という表現は、堅いものを噛《か》み砕く、陽性のはじく響きからの連想であろうか。細身の締まった体つきを表したのであろうか。語の成り立ちについては、よく分からない。

「あこのおぢいちゃん、まっこと元気ぢゃ。かりかりしちゅう。何キロもあるスーパーへ、自転車で買物に行きゆうと」

〈しゃっき〉は、元気で、しゃんとしている状態を示す。歯切れよく物を噛んだり、切り裂いたりする音を表す〈しゃきしゃき〉から創られた語、あるいは〈しゃきしゃき〉から同様に創られたと考えられる〈しゃきっと・しゃっきり〉の短縮形と考えられる。

「うちのぢいさんは米寿ぢゃが、しゃっきで、背筋もぴんとしちゅう。まっこと元気ぢゃ」

16

しょくがいく・くちをふてる

〈しょくがいく〉は、食欲があり、食が進む、の意。病人やお年寄りの〈食〉について使う。〈いく〉は、状態の進行を示す、土佐独特の語である。〈いく〉を使った〈土佐ことば〉に、あまぐらがいく・うちぐれがいく・そんがいく・ろうがいく、などがある。

「あればあ、しょくがいったら心配いらん。すんぐにようなる」

例文の〈すんぐに〉は、すぐに、の意の〈土佐ことば〉。

〈くちをふてる〉は〈口を捨てる〉が訛《なま》った語。食事を受け付けなくなること。体が衰弱して食欲が著しく減退すること。

「病人がくちをふてるようになったら終わりぢゃ」

17

けんじょうにくる・かたがつかえる

肩が凝ることを表す〈土佐ことば〉に**〈けんじょうにくる・かたがつかえる〉**がある。私は、『土佐ことば辞典』で、両語について次のように記述した。

肩が凝ること。〈けんじょう〉は〈肩上〉であろうか。肩が凝りだすとき、凝りが下から上へ、肩から首の方へせりあがってくるように感じる。凝りの過程、あるいは状態の進行を示しているようで、おもしろい。類語に〈かたがつかえる〉がある。この語は、肩が凝ったときの状態を表現しているように思われる。同じように使われているかもしれないが、表現に微妙な差が感じられておもしろい。

「慣れん仕事をしたきにけんじょうにきた」

「肩がつかえてたまらん。ちっくともんでや」

方言辞典には、〈けんぢょ・けんぢょー・けんりょ〉が掲載されており、「肩。肩のこる病気」と説明され、次の用例が挙げられている。

「ケンヂョがつかえたけん、あんまさんのとこへ、もんでもらいに行っちょった」

「今日庭木を切ったら、ケンヂョーへ来て、今家内にもーでもらいよる」

また、〈けんりょ〉の項の(注)に、「『けんりょ』は『けんぢょ』の転訛《てんか》であり、『けんぢょ』は『けんじょ（肩所）』とも考えられるが……」という文がある。

私が聞いて蒐集したのは、〈けんじょう〉である。〈けんぢょ・けんぢょー・けんりょ〉ではない。土佐人の日常用語の特性から見て、もし〈かた〉(肩)を言うなら、〈所〉(しょ)などをつけずに、〈けん〉と単純化して言うのではなかろうか。〈けんぢょ・けんぢょー〉は〈けんじょ〉〈肩所〉ではなく、〈けんじょう〉〈肩上〉の転訛ではなかろうか。〈じ・ぢ・ず・づ〉(ʒi・di・zu・du)の、いわゆる四つ仮名(四濁音)を区別するのが土佐方言の大きな特徴であるが、実際には、〈じょうき〉と〈ぢょうき〉、〈ひんづと〉と〈ひんずと〉のように二通りに使われ、四つ仮名の区別が揺れている例がある。〈けんじょう〉と〈けんぢょー・けんぢょ〉も、類似の揺れの一例であると、私は考えている。〈くる〉という表現は、状態の進行を微妙に表現する語である。〈けんじょうにくる〉(肩上にくる)は、『土佐ことば辞典』に記述したように、肩凝りの過程を微妙に表現する語で、〈土佐ことば〉の表現の豊かさを示す一つの例であろう。

私はのんびりと暮らしているので、日常に〈けんじょうにくる・かたがつかえる〉ことは少なくなったが、中学生の頃はよく肩が凝った。試験の前・中に、凝りが肩から首へせり上がり、さらに歯痛と進んだことを懐かしく思い出し、〈けんじょうにくる〉というような的確な表現は土佐以外にはない、と思っている。

18 いうてくる・こびく・あげがくる

〈いう(ゆー)てくる〉は、肉体的疲労や精神的苦痛が体調に影響してくること。〈いう〉は〈言う〉であろう。〈言う〉を使った表現に、体力がものを言う、体力にものを言わせて、などがあるが、疲労などが体に〈言う〉という言い方はおもしろい。

「年をとると、疲れが体にいうてきて、かぜひいたら、なかなかなおらん」

「庭の草引きをつめてやりよったら、腰へゆーてきた」

〈こびく〉は、傷の痛みなどが、体の別の箇所に影響すること。ある病院でのこと。甲状腺の手術を受けた患者さんが、患部だけでなく、首の後ろも痛いと言う。主治医の先生は高知県出身の方のようであった。患者さんの首の後ろを軽くおさえ、「ここへこびくがぢゃねえ」と、土佐弁で優しく言われたのを聞いた。〈こびく〉はこの時採集した語である。お年寄りの患者に、土佐弁で優しく話しかける、先生のお心遣いに心を打たれるとともに、〈こびく〉が、微妙で的確な表現であることを感じた。

木材を大鋸《おおが》で挽くこと、またそれを業《なりわい》とする人を〈木挽《こび》き〉と言った(広辞苑)。木挽くときに、振動が体に響き伝わることから、〈こびく〉が生まれたと考えたが、どうであろうか。方言辞典には〈こびく〉のほかに、同義で〈こびける〉が掲載されている。

「そこでづんづん足ぶみょすると、頭へコビクけん、やめとーせ」(方言辞典)

「足をけがしたら、こびけてリンパ腺が腫れた」

〈あげがくる〉は、悪いことが起こる、の意。よくないことが起こることが、当然予想されるような場合に使われる。〈あげ〉の語源として、悪事に対する報いを表す悪劫《あくごう》と悪果《あくか》、終わり・結果を意味する挙句《あげく》を考えたが、どうであろうか。

「ようよあきがすんだと思うたら、あげがきた」（疲れが出て、体調が悪くなった。農家のおばさん）

例文の〈ようよ〉は〈ようやく〉（漸く）の訛《なま》りで、やっと、の意。〈あき〉は、〈秋〉に由来する語。農作物、特に稲の収穫期を言う。季節の秋に関係なく、真夏の収穫でも〈あき〉と言う。

19

じゅんにいく・じゅんがたつ・やみぬける

〈じゅんにいく・じゅんがたつ〉の〈じゅん〉は順調の〈順〉。病状について使われる。**〈じゅんにいく〉**は順調に快方に向かっている、**〈じゅんがたつ〉**は、快復への筋道が見え、その道を少しずつ進み出した状態を言う。

「もうひと月も病院へ通いよりますけんど、じゅんにはいきませなあ」

「おぢいちゃん、おあんばいと聞きよりましたが、どうですぞね」「ありがとうございます。まあまあじゅんがたちよります」

〈やみぬける〉は、完全に治癒したわけではないが、病気がほぼ峠を越し、快復の兆候が見え出した状態を言う。〈病みが抜けた〉、あるいは〈病みを抜けた〉の略であろう。

「ご心配をかけよりましたが、ようよやみぬけたにかありません」

〈じゅんにいく・じゅんがたつ・やみぬける〉は、病気を巡っての会話に使われる言葉であるが、〈土佐ことば〉の、表現の豊かさ、おもしろさを、改めて感じる。

なお例文の〈おあんばい〉は〈お按配〉で、病気のこと。病気を意味する按配に〈お〉を付け、挨拶語として使われる。〈ようよ〉は〈ようやく〉の訛《なま》り。〈……にかありません〉は、……のようです、の意。〈……にかあらん〉の丁寧語。

20

あしらう・しつくろう

〈あしらう〉は、古語〈あひしらふ・あへしらふ〉に由来する語。一般には、適当にあしらう・軽くあしらう、のように、相手を見下した形で使われ、また料理や活け花の取り合わせにも使われるが、土佐では、体をだいじにする・養生する、の意に用いられる。名詞は〈あしらい〉。

「心配せんでえい。二、三日あしろうちょったらようなる」

「おあしらいなさいませ」(おだいじになさいませ)

〈しつくろう〉は、〈仕繕う〉で、家屋などを補修する、の意の〈つくろう〉(繕う)に〈し〉(仕)を付け、意味を強めた語、あるいは〈つくろう〉と類語の〈しつらう〉(設う)の混交語とも考えられる。名詞は〈しつくろい〉。

方言辞典には、〈しつくろう・しつくろい〉は出ていないが、〈しつくろい〉の省略形と考えられる〈しつく〉が出ている。

「家が古いきに、しつくろいがたいへんぢゃ」

「しけで屋根をやられたきん、シックをしゅー」（方言辞典）

〈しつくろう・しつくろい〉を体の補修に、つまり病気の治療に使われるのを聞いた。当を得たおもしろい使い方である。古語〈つくろふ〉に同義の用例がある。

「しつくろい、しつくろい、していったらえいですら」（年をとると、体のあちこちにガタがくる。あるお年寄りに対してお医者さんが言われた）

・鼻の中ふたがりて、息も出で難かりければ、さまざまにつくろひけれど、わずらわしくなりて、（徒然草・第四十二段）

・この御目のためには、よろづにつくろひおはしましけれど、（大鏡・三条院）

21 としやまい・ほうれき・ほろけ

〈としやまい〉（年病）は老いの故に出てくる、避けられない病気のこと。この語は、あるお年寄りに病気のお見舞いを言ったとき、「としやまいですきに……、なかなか順にはいきませなあ」と言われたのを聞いて、採集した語である。

〈としやみ〉（年病み）という類語が辞書に出ているが、〈としやまい〉という語は、広辞苑にも方言辞典にも出ていない。土佐独特の言葉と考えていたのであるが、川端康成の『十六歳の日記』に、〈年病〉という言葉が使われているのを見つけた。氏は、幼くして両親を失い、祖父母に育てられた。祖母も満六歳のときに亡くなり、それ以後、祖父と二人で暮らされた。『十六歳の日記』は、盲目となり、寝たきりになった、祖父に対する、数え年十六歳の康成少年の看取りの日記である。この日記の中に、近所の女性の言葉として、次のような文がある。

「お年がお年ですから、急なことはありますまいが、年病ですなあ」

〈としやまい〉は、かつては広く使われていたのかもしれない。老人病というと、何か冷たさ、わびしさのようなものを感じるが、〈としやまい〉という言い方は、柔らかく、老人に対するいたわりのようなものが感じられる。私の好きな〈土佐ことば〉である。

〈ほうれき〉は、年をとってぼけること、耄碌《もうろく》すること、あるいはその状態を言う。〈ほうれきする〉という言い方もする。

「ほうれきしちゅうと言われんようにせないかん」(頭と体を使い、日々前向きに生活してぼけないように努めよう)

耄碌の〈耄〉の音は、マウ・モウ(呉音)、バウ・ボウ(漢音)で、耄老・耄及・耄齢などの耄碌以外の耄を含む熟語の耄の音はバウ・ボウである(大字典)。耄碌を漢音読みでボウロクと読み、これが、ボウロク→ホウロク→ホウレキ、と変じたのではなかろうか。妻は〈忘暦〉(ボウレキ)がホウレキに変じたのではないか、と言う。

〈ほろけ〉は、ぼけること・耄碌《もうろく》の意。動詞は〈ほろける〉。ぼんやりする・ぼける、の意の古語〈ほる〉(惚る)、あるいは〈ほく・ほうく〉(惚く)に由来する語と考えられる。

・走りて急がはしく、ほれて忘れたる事、人皆かくの如し。（徒然草・第七十五段）

・唐人にのろはれてのちには、いみじくほうけて、ものもおぼえぬやうにてありければ、（宇治拾遺物語・巻一四・一一・高階俊平が弟入道算術事）

「あこのおばあちゃん、この頃ほろけて、あちこちまいくっておらんようになると……。みんなが困っちゅう」（ぼけて、あちこちと行きまわる）

22 みいれる・みてる・むかえり

〈みいれる〉は、お年寄りを死ぬまで面倒をみる、看取る、の意。この語は、世話をする人の献身的な行為を表現する語として使われる。世話をしている当人が言うよりも、他人が世話をする人のたいへんさを理解し、苦労をねぎらう気持ちを含んで使われることが多い。

〈みいれる〉の〈み〉は〈看取る〉の〈み〉であろう。〈いれる〉については、〈棺に入れる〉の〈いれる〉と考えられないこともないが、〈みいれる〉の意・用法から、このような露骨なことではなく、心を入れる、身を入れる、の〈いれる〉であろう。『国府村民俗語彙』に「死スル迄奉養ス」の説明がある。〈みいれる〉は奉仕的行為を表現する語と考えられる。

「あの人は長患いのふた親をみいれたと……。まっことえらい」

「親をみいれてあの人もくつろいだろう。まっことご苦労ぢゃった」

〈みてる〉は、人が亡くなること。哀悼《あいとう》の気持ちを含んだ丁寧な言い方。

「あこのおぢいちゃん、みてましたと……。毎日元気に歩きよりましたに」〈みてる〉の語源に関して、方言辞典に「〈みてる〉は〈満てる〉か。〈満つれば欠く〉の発想法が適用されたものであろう」、『土佐弁さんぽ』に「ミテルの語源は〈満つ〉という自動詞形に対応する他動詞形の〈満たす〉の古い形と言われ、万葉集にも出ている」とある。

〈みてる〉の語源と考えられる、満たす・かなえる・事をなし終える、の意（古語大辞典）の他動詞形の古語〈満つ〉（タ行下二段活用）の用例を次に示す。

・玉敷かず君を悔いていいふ堀江には玉敷き満てて継ぎて通はむ（萬葉集・巻十八・四〇五七）

・いでや、その本尊、願ひ満てたまふべくはこそ尊からめ、……」（源氏物語・東屋・二〇）

・われ此滝に三七うたれて、慈救《じく》の三洛叉《らくしゃ》をみてうど思ふ大願あり（平家物語・巻第五・文学荒行）

〈みてる〉は、生命を全うした、人生を全うした、ということから、人の死に使われるようになったのではなかろうか。人の死を表す古語に、うす（失す）・ゆく・おくる（後る）・かくる（隠る）・はつ（果つ）・消え入る、などがある。次のように、古典に〈天命を全うする〉のような表現は出てくるが、人の死に対し〈満つ・満てる・満たす〉を用いた表現は見つからなかった。

・わが命の全《また》けむかぎり忘れめやいや日に異《け》には思ひ益すとも（萬葉集・第四・五九五）

・宿病たちどころにいへて、天命を全す。（平家物語・巻第一・禿髪）

〈みてる〉の語源については、異説がある。青森・宮城・福島・福井・鹿児島・宮崎の諸県に、死ぬ、の意の方言〈目を落とす・目落とす〉(目をつぶる、の意から)があるが(国語大辞典)、池宮正治氏は、沖縄にも〈目落とす〉に当たる〈ミーウティースン〉という言い方があり、高知などの〈みてる〉は〈めおとす〉の転訛《てんか》ではないか、と述べている(注)。

〈みてる〉は、物が無くなる・尽きる・終わる、などの意にも使われる。充足されているべき物・事があって、それを基にして表現する語と考えられる。

「お味噌がみてたきに買うてこないかん」

〈むかえり〉は、〈むかわり〉とも言う。一周忌のこと。古語〈むかはり〉が転訛した語と考えられる。古語辞典に、〈むかはり〉について「一周年。特に赤子の初誕生や死者の一周忌をいう。〈向き変はる〉が転じた自動詞〈むかはる〉の連用形の転成名詞で、月日がその人に向き変わって再びめぐってくること、の意と考えられる」とある。

土佐の〈むかえり・むかわり〉は死者に対する語で、子供の初誕生には使わない。

・世に月日のたつは夢ぢゃ。明日はそのむかはりになるが(井原西鶴・世間胸算用・一)

「はやいもんぢゃねえ。もうぢき伯父さんのむかえりが来るねえ」

注　『沖縄ことばの散歩道』(ひるぎ社・一九九七年)

23 たるい・たすい・またい

〈たるい〉は、無気力だ、の意。〈たるむ〉（弛む）から創られた形容詞、あるいは、疲れて元気がない・だるい、の意の〈たるし〉（怠し・懈し）の変であろうか。強調語は〈たるこい〉。

「まっことたるこい。気合いを入れちゃらないかん」（だらだらした練習態度を見て）

〈たすい〉は、無気力だ・たよりない、などの意。強調語は〈たっすい・たすこい〉。〈たるい・たるこい〉と意味は似ているが、語感が微妙に違う。話し手のいまいましさが表れているように感じられ、使われ方も少し違う。料理の味などが、いま一つ、たよりないときにも使われる。

「うちの人はまっことたすこい。向こうの言いなりぢゃ。何ちゃあ言わんで帰ってくる」

「たっすいがは、いかん」（ビール会社のコマーシャル）

〈たすい〉の語源についてはよく分からない。私は、次の二つを考えたが、どうであろうか。

①方言辞典に、〈たすい〉の用例の一つに「この縄はタスー（ゆるく）なっちゅう」が出ている。〈ゆるい〉の意の〈だすい〉という〈土佐ことば〉がある。〈だすい〉から〈たすい〉が創られた。

②〈たづたづし〉という古語がある。心もとない・心細い・おぼつかない、などの意

の形容詞である。この語が〈たすい〉に変じた。

・夕やみは路たづたづし月待ちて行かせ吾背子その間にも見む（萬葉集・巻四・七〇九）

〈またい〉は、気が弱いこと。強調語は〈まったい〉。語源は完全な状態を表す〈全《まった》し〉と考えられる。完全の意から性格円満の意に、円満はおとなしい・柔和の意に、さらに気が弱いことの意にと、転じて用いられるようになったと考えられる（方言辞典・土佐弁さんぽ）。

「げにまったい人ぢゃ。これればあのことでめりこんで」

24

さどい・はしかい・しわい

〈さどい〉は、機を見るに敏な・すばしこい、の意。強調語は〈さどこい〉。語源は、聡明である・明敏だ・賢い、などの意の古語〈聡《さと》し〉（現代共通語は聡い）と考えられる。

・ますらをのさとき心も今は無し戀の奴に吾は死ぬべし（萬葉集・巻十二・二九〇七）

・いとさとくて、かたき調子どもを、ただ一わたりに習ひとりたまふ（源氏物語・紅葉賀・一二）

〈土佐ことば〉の〈さどい〉は、聡明だ・賢い、という誉め言葉よりも、警戒気味に、あるいは意地悪く見て使われることが多いように思われる。

「あの人はしょうさどいきに、うっかりしちょったらやられるぞね」

稲・麦などの花あるいは種実を包む外殻の先の針状のものを〈はしか〉(芒《のぎ》)と言うが、これが皮膚に触れると、痛かゆく気持ちが悪い。この感じを**〈はしかい〉**と表現する。土佐では、人の性質・言動に〈はしかい〉を使う。

方言辞典には、「角があって人あたりが悪い。負けぎらいで扱いにくい。気短い」とある。しかし、私が耳にした範囲では、少し違った意味に使われている。機を見るに敏で、うまく立ち回り、ずるさが何となくにおって、神経に障る人を言い、警戒気味に使われる。子供にも使う。こざかしく、表・裏があって、大人の前でうまく立ち回り、かわいげのない子供である。

「あの人ははしかいきに、気つけんといかんぞね」

「あの子はまっことはしかい子ぢゃ。親に似たんぢゃろ」

〈しわい〉(吝い)は、けちなことを意味する語であるが、土佐の〈しわい〉は、これと異なり、強情な・しぶとい、の意である。語源も〈吝い〉とは異なると考えられる。私は〈しわぶ〉(為佗ぶ)の形容詞化を考えたがどうであろうか。〈為佗ぶ〉は、処置に苦しむ・もてあます、の意である(古語辞典)。

・いみじくほうけて、ものもおぼえぬやうにてありければ、しわびて、法師になりてけり(宇治拾遺物語・巻一四ノ一一・高階俊平が弟入道算術事)

「あの人にゃ負けぢゃ……。まっことしわい」(しぶとい)

25 へこむつかしい・なやしがない

なんだかんだと、難くせをつける人がいる。このような習性をもつ人を、顰蹙《ひんしゅく》ぎみに**〈へこむつかしい〉**と言う。周りの人を困らせ、付き合いにくい人である。〈難しい〉という人は、それなりの考えがあって難しいのであるが、〈へこむつかしい〉人は、要するに癖である。

〈へこむつかしい〉の〈へこ〉は、単なる強意の接頭語ではなく、〈へごな〉の〈へご〉に関係する語ではなかろうか。〈へごな〉は、〈僻《ひが》〉に由来する語と考えられ、行為や考えがよくない・たちが悪い、などの意の〈土佐ことば〉である。

「あの人はまっことへこむつかしい。付き合いきれん」

〈なやしがない〉は、頑固《がんこ》で柔軟性に欠けること。また、ぶっきらぼうで、人柄に柔らかさがない、の意にも使われる。この木は〈なやしがない〉から折れ易い、というように、物に対して使われないこともないが、通常は人の性質を示す語として使われる。〈なやしがある〉という肯定《こうてい》的な言い方はない。〈なやし〉は、萎《な》えるようにする・柔らかくする、の意の〈萎《なや》す〉から創られた土佐独特の名詞と考えられる。

「あの人はなやしがないきに、しょう困る。もちっと大けな心をもってくれにゃ……」

「あの人は瑞々しい文章を書きゆうに、ぶっきらぼうで、みょうになやしがない。どうしてぢゃろう」

26　げに・げにやる

小学校唱歌「冬景色」の「げに小春日の　のどけしや　かえり咲きの花も見ゆ」で、**〈げに〉**は私たち世代にとって、なじみのある、懐かしい語である。実に、ほんとうに、の意の古語で、強調語に〈げにも・げにぞ・げにこそ・げにげに〉がある。また関連語に〈げには〉がある。実際は・事実は、の意である。〈げに〉は、一般にはあまり使われていないと思われるが、土佐では日常語で、強調表現は〈げにまっこと〉である。

・げにいとあわれなりなど聞きながら、（枕草子・一二七）
・げにも山門の訴詔はもだしがたし。（平家物語・巻第一・願立）
・げには、心の色なく、情おくれ、偏にすぐよかなるものなれば、（徒然草・第百四十一段）

「げにまったい人ぢゃ。これればあのことでめりこんで」（ほんとうに気の弱い人だ）
「あこの嫁さんはげにまっこときれいな人ぢゃのう」（噂どおりほんとうにきれいな人だ）

〈げに〉に、土佐独特と思われる接続詞的用法がある。実は、実際には、の意の古語〈げには〉の省略形と考えられる。方言辞典に、「そうではない。実はかくかく」の説明があり、用例に、「ほんとにそーか」「げにちがう」の会話が、また、この用法の範疇《はんちゅう》に入るものとして、「げにやめちょこ」などを例に、思い直して言い改める用法が挙げられている。

〈げには〉の省略形の用法の一つに**〈げにやる〉**がある。二〇〇七年に、政界を揺るがした、次のような騒動の際の、テレビ視聴者の会話から採集した。

民主党代表小沢一郎氏は、福田康夫首相(自民党総裁)と党首会談を行ったが、協議内容(自民党との連立構想)について、党の役員会の賛成が得られず、信任されていないとして、突如辞意を表明した。しかし、慰留されて、二日後に、辞意を撤回し、続投を表明した。

このテレビニュースを観ていた二人の会話。

「小沢さんが、げにやるきと言いゆう……」

「またやるつかよ……。いよいよぢゃのう……」

辞意を強く表明したが、翻意《ほんい》して元通りやる、という小沢氏の意思表明を、「げにやるき」で表現している。短いが、まことに含蓄《がんちく》のある言葉である。責任問題が起こったときの、辞意表明・慰留・辞意撤回・続投という、政治家の〈げにやる〉という言動は、珍しいことではない。

土佐では、会の役員のことなどで、なんだかんだ言って、辞めると強く言い張るから、辞めると思っていたら、主張は主張として、慰留があっても無くても、〈げにやる〉というような人が多い。〈げにやる〉という語が、日常に活きている所以《ゆえん》である。

27 めっそう・めっそうな・めっそうもない

〈めっそう〉は滅相。仏教語で、一切のものが滅びる姿を表す語であるが、一般には、とんでもないさま、法外なさまを表し、多くは**〈めっそうもない〉**あるいは**〈めっそうな〉**

で、とんでもない、の意で使われる。

なお、〈めっそうもない〉の〈ない〉は、〈無〉ではなく、せわしない、切ない、などの〈ない〉と同じで、状態を表す語を形容詞化する接尾語である。様子や心地が著しいことを示す(広辞苑ほか)。

・ヲヽ滅相な此谷川の逆落し。紀州浦へいってきに流れて往たら鮫の餌食。(近松半二ほか・妹背山婦女庭訓)

・そんな滅相もない。お礼言わんなんのはこっちの方ですわ(注1京ことばとその周辺)

土佐で〈滅相〉がどのように使われているかを、見てみよう。

①とんでもない、の意(一般的用法)

「めっそうもない。そんなお礼はいただけませなぁ」

「めっそうな……私など……」(式場で上座を勧められた。恐縮の気持ちを身振りで表しつつ)

②あまり、そんなに、などの意で、下に打ち消し・禁止の語を伴う。

「めっそうお酒は飲まれんぞね。だいじな体ぢゃきに」

「今年は台風で、めっそうとりめがなかった」(収量が低かった)

③たいそう、たいへん、の意。

「おやまあ、今朝はめっそう早いのう」(注1土佐民話落語II・ごくどう列伝)

④みごとな、すばらしい、の意。

「めっそうなおこしらえぢゃのう」(嫁入り仕度をほめる)

「めっそうなご馳走と、喜び勇んで食いにかかる」(注2土佐民話落語II・うそつき名人)

⑤誉めるときに、感動詞的に使われる。この場合は繰り返す。
「なになに、算数が百点ぢゃと……めっそう、めっそう」

一般には、先に示した〈京ことば〉の用例のように、「とんでもない」と、恐縮の気持ちを表す挨拶言葉などに使われている。これに対して、〈土佐ことば〉の〈めっそう〉の用法はまことに多様である。〈土佐ことば〉の豊かさとおもしろさを感じる。

注1　泉 文明（晃洋書房・二〇一二年）
注2　市原麟一郎（高知新聞社・二〇〇八年）

28

いちむじんに・しんもって・せいぎり・しにかまんで

〈いちむじんに〉は、一生懸命に、一心に、の意。〈いちむじん〉は〈一無心〉であろう。〈一〉は、一途・一徹・一意などの〈一〉で、専ら、の意を表す強意の接頭語。〈無心（むしん・むじん）に〉を強調し、邪念なく、何かに集中するさまを表現する語と考えられる。

県内外で、最近めざましく活躍しているギターデュオに「いちむじん」（山下俊輔・宇高靖人）がある。私は演奏を聴いたことはないが、このデュオ名に、お二人の土佐への深い愛情と音楽に臨む真剣な姿勢を感じ、応援したい気持ちを強くもっている。

「いちむじんにやりゃあ、何でもことになる」（うまくいく。成功する）

〈しんもって〉は、身を入れて、心を込めて、の意。〈しん〉は〈身〉と〈心〉の両方を表す語であろう。

「しんもってやりゃ、何でもできる」

「しんもって仕事をする人が少のうなった」(世情を嘆く)

〈せいぎり(せーぎり)〉は〈精切り〉であろう。精いっぱい、力の及ぶ限り、の意。

「せーぎりやりよったけんど、いかざった」(うまくいかなかった)

〈しにかまんで〉は、必死に・決死の覚悟で、死にものぐるいで、の意。死をいとわず、死んでも構わない、ということであるが、死に直面するような深刻なことではなく、困難な事態に必死に立ち向かうことを強調して言う語である。

「しけがひどかったけんど、しにかまんで、雨んなか、ハウスを見に行《い》たわね」

「おんちゃんは、シニカマンデ、相手のところへ、乗りこーて行たと」(方言辞典)

29

ひがちになる・いりいる・こみこむ・むくる

〈ひがちになる〉は、必死になる、夢中になる、の意。〈ひが強い〉という〈土佐ことば〉がある。〈ひ〉は〈ひい〉(脾胃)の略で、胃腸・腹を意味する語であるが、転じて、精力・気迫・意気などの意で使われる。〈ひが強い〉は気力がある、の意。

〈ひがちになる〉は〈脾胃が血になる〉の変ではないか、と考えてみたがどうであろうか。〈ひ〉は〈脾胃〉でなく、〈火〉かもしれない。〈火〉は、火のように・炎のように、など、燃える心を表す喩えに使われる。しかし、〈ひ〉が〈火〉であるとしても、〈がち〉が何を意味するかが分からない。

「ひがちになって勉強しゆうきに、あの子は志望の大学にとれるろう」(合格できるだろう)

〈いりいる〉は、夢中になること。〈いる〉を重ねた強調語。〈いる〉はこの外、〈遊びいる〉のように、接尾語として、熱中するさまを表す語として使われる。

「うちの子はテレビゲームにいりいって全然勉強せん。まっこと困ったもんぢゃ」

「遊びいっちょったきに、大声で呼んだけんど、聞こえざったにかあらん」(遊びに夢中で、聞こえなかったようだ)

〈こみこむ〉は、心を込めて仕事などをすること。〈こむ〉(込む)を重ねた強調語。熱中して何かをすること。

「えらいこみこんでやりゆうが、何ができるぞね」(工作に熱中している子供に)

〈むくる〉は、精出す・勉強する、の意。近松門左衛門の浄瑠璃などに〈むくりこくり〉という語が使われている。〈むくる〉の語源について、この語との関連を考えてみたが、意味の上で無理があると思われる(土佐ことば辞典)。

〈むっくと・むっくら・むっくり〉という〈土佐ことば〉がある。たいそう・甚だしく、の意の副詞である。〈むくる〉は、〈むっくと・むっくら・むっくり〉から導かれた語ではなかろうか。

「むくりゆうかよ」（友だちに）

30　とれる・ずびあがる・ぢをはう

〈とれる〉は、入学試験などに合格すること。『土佐弁さんぽ』に「『通れる』の転と考えられないか」とあるが、私は〈採れる〉で、採用する、の意の〈採る〉から創られた語ではないか、と考えている。
「あこの息子さんは、大学にとれたと」

〈ずびあがる〉は、やっとのことで進級すること。ぎりぎりで進級すること。〈ずびあがる〉の〈ずび〉は〈ずぶ〉の連用形。〈ずぶ〉は、這いずる・ずり落ちる、のように使われる、滑って動く、の意の〈ずる〉の訛《なま》りと考えられる。

「あぶなかったけんど、ひがちになって勉強したきに、ようよのかー、ずびあがれた」

例文の〈ひがちになって〉は、一生懸命に、の意。〈ようよのかー〉は、やっと、の意の〈ようよ〉の強調語。

〈ぢをはう〉は、〈地を這う〉で、地面を這うことであるが、比喩的に学業などの成績が最低あるいは最低に近い状態を言う。一般に言う〈低空飛行〉とほぼ同義であるが、ユーモアが感じられるおもしろい表現である。

「あこの子はようできるけんど、うちの子はぜんぜん勉強せんき、ぢをはいよらあね」

31

きばる・りきむ・たぎる

〈きばる〉（気張る）は、意気込む・勇み立つ・頑張《がんば》る・気前《きまえ》よく金をはずむ、などの意（広辞苑）。このような意の使い方もないわけではないが、土佐で日常に使われる〈きばる〉は、自慢《じまん》することである。〈きばる〉習性のある人を〈きばり〉と言う。

「娘さんの嫁入ったお家は、たいそうな物持ちぢゃと……。あの人はしょうきばる」

「あの人はまっこときばりぢゃ。あこの子は勉強がようできると……。こないだも聞いた」

いとこの……は……会社の重役だ、そこの息子は一流大学を出て……になっている、その嫁のさとは……だ、と言うように、自分の家族のみならず、係累の財産・学歴・社会的地位などを誇らしげにしゃべり、わが家と一族のことを〈きばる〉人がいる。聞かされた人たちは、「そうかね……そりゃあ……」などと、その場では一応は感心したように振る舞い、直接謗《そし》ることはしない。しかし陰では、「まっこと……いーとこ　はーとこ　はと　いとこ　ぢゃねえ」と、皆で笑い合っておもしろがる。〈はーとこ・はと〉は、語呂を滑らかにするための〈はとこ〉の変で、〈はとこ〉は〈またいとこ〉のことである。

土佐人は、人の言動を謗るにしても、徹底的に、あるいは直接的な言い方で謗るのではなく、このような喩えや囃《はや》しのようなことを言って、おもしろがる。笑い合う。土佐人の、陽気で、開放的な気質の表れであろう。

〈りきむ〉（力む）は、力を込める・力のありそうな様子をする、の意であるが、土佐では、自慢する、の意にも使われる。

「あしの釣ったがが、いっちふとかったと、おんちゃんがえらいりきみよったぞね」

例文の〈いっち〉は、いちばん、〈ふとい〉は、大きい、の意の〈土佐ことば〉。

〈たぎる〉は、水などが沸き返る・激しく流れることであるが、転じて、怒り・悲しみなどの感情が激しくわきおこる、たかぶる、の意に使われる。私は聞いたことがないが、土佐では、自慢する、の意にも使われる（方言辞典）。

32

えらたがる・かかりこむ・ぶりつく

〈えらたがる〉は、偉い人のように振る舞うこと。偉くなったような態度をとること。共通語に〈えらがる〉があるが、〈た〉が入ることで、意味が微妙に異なる感じを与える。えらそうに振る舞う人の気持ちを意地悪く忖度《そんたく》し、「えらいわけでもないに、何ぞ」と、批判的に冷たく見る人の気持ちが含まれているように感じられる。

接尾語〈たがる〉を用いた語に、知りたがる、したがる、などがあるが、「ある事柄を望んでいる意を表す語」（広辞苑）である。〈えらたがる〉は〈えらがりたがる〉の省略形ではないかと考えてみたが、意味の上で疑問が残る。〈えらたがる〉は、望んでいる気持ちを言うのではなく、えらそうにする態度を言う語である。

「親父が会社の重役ぢゃゆうてなんぜよ。みんなぁがえらたがりゆう」

〈かかりこむ〉は、特定の人、あるいは家を強く意識して競争心を燃やすこと。〈係り込む〉であろうか。関連語に〈かかりき〉がある。追い抜こうという気持ちを言う。

「どうしてぢゃろう。あの人はうちにうんとかかりこんでくる」

〈ぶりつく〉は、学力・技量などで、甲乙つけがたい二人が競いあっている状況を言う。

「あの二人はぶりついちゅう」(成績の一番を競う二人)

〈ぶりぶり・ぷりぷり〉という語がある。一般には、怒って機嫌《きげん》が悪いさまを表す語であるが(広辞苑)、土佐では〈ぶりぶり〉を、人と人が激しくわたりあうさまを表す語として用い、「何かしらんが、二人が大けな声だいて、ぶりぶりやりゆう」のように使われる。この〈ぶりぶり〉から〈ぶりつく〉が創られたと考えられる。

33

めくちする・めだれをみる・めのはらがいたい

〈めくちする〉(目口する)は、声を出さず、目と口で気持ちを相手に伝えること。顔の表情でシグナルを送ること。方言辞典に、「目をむき出したり口を突き出したりして人をあざける」とあるが、もう少し広い意味に使われているようである。目で物を言う・目に物言わす・目は口ほどに物を言う、目引き袖引き、のような〈目〉を使った語があるが(広辞苑)、土佐の〈目口する〉という言い方は、そのものずばりで、これらの語と比べても、遥かにおもしろい表現である。

「めくちしたけんど通じざったにかあらん」(通じなかったようだ)

「うちの子はまっこと落ち着きがない。隣の子としゃべったり、ふざけたり……。めくちしてねめたけんど、平気ぢゃった」(小学校の授業参観に行ったある母親の嘆き)

例文の〈ねめた〉は、にらんだ、の意の〈土佐ことば〉。

〈めだれをみる〉は、顔色をうかがって、相手の弱点につけこむこと。

「あの子は親の言うことは素直によう聞くが、おばあちゃんの言うことは、めだれを見てなかなか聞かん」

「はじめにあらぎもをとっちょかんと、めだれを見られるきに」(相手が口を開く前に、先制して相手の意見・要求を封じておかないと、弱みにつけこまれ、交渉が有利に進まない)[注](南国市・浜田信男さん)

広辞苑・古語辞典等に〈めだれをみる〉は出ていないが、〈めだりがお・めだれがお〉が出ている。人の弱みを見つけて、しめたと喜ぶ顔つき、転じて、人の弱みにつけこむこと。卑怯《ひきょう》なこと。(広辞苑)

・山門の大衆は、目だりがほしけりなンと、京童部が申候はむ事、(平家物語・巻第一・御輿振)

・かほど卑しき強力に。太大刀を抜き給ふはめだれ顔の振舞は。臆病の至りかと。(謡曲・観世小次郎・安宅)

・めだれ顔なる夜討はするともわれには叶はじものをとて。隙間あらせず斬ってか

かる。(謡曲・宮増・烏帽子折)

土佐の〈めだれをみる〉の〈めだれ〉は、弱みをもち、つけ込まれる側の顔つきである。初めの例では、孫に甘く、会えば目尻《めじり》を下げ、孫の嫌がることは何も言えない、孫に弱い立場のおばあさんの顔つきである。

一方、〈めだりがお・めだれがお〉の〈めだり・めだれ〉は、相手の弱みを握って、ほくそ笑む、つけ込む側の顔つきである。逆になっているのがおもしろい。

注 『南国史談』第十九号・南国市内と周辺の方言(一九九六年)

〈めのはらがいたい〉は、はらはらすること。小さい子供がふざけあっている。とめても止めない。けがをしないかと、はらはらする。このような状態を〈めのはらがいたい〉と言う。おもしろい表現である。

「こわいきやめなさい。あいまちする。まっことめのはらがいたい」

例文の〈あいまち〉は、けがをする、の意の〈土佐ことば〉。

34 くつろぐ・いられる・ぞうもむ・ぞうくそがわりい・ろりろりする

〈くつろぐ〉は〈寛ぐ〉で、一般には、心身を休めてゆったりすることであるが、土佐では、難事を切り抜けてほっとする、安堵《あんど》する、の意でよく使われる。

「息子の就職がようよ決まってくつろいだ」(やっと決まってほっとした)

〈いられる〉は、いらいらすること。気を揉《も》むこと。古語の〈いらる〉（焦らる・苛る）に由来する語。関連語に〈いられ〉がある。せっかちで、いらいらして事を急ぎ、待ちきれない性格の人を言う。

・いと心もとなけれど、なほなほとうちつけに焦《い》られむもさまあしければ、（源氏物語・夢浮橋・二）

「いられて行きよったらあいまちするぞね」（けがをする）

〈ぞうもむ〉は、気を揉む、心配ではらはらする、心を痛める、などの意。〈ぞう〉は五臓六腑《ごぞうろっぷ》の〈臓〉、〈もむ〉は気を揉むの〈揉む〉であろう。〈土佐ことば〉には、体の一部を織り込んで心の状態を示す語が多いが、〈ぞうもむ〉もその一つ。いきいきとした直接的表現でおもしろい。

「車の渋滞で会議に遅れそうになり、まっことぞうもんだ」

近松門左衛門の浄瑠璃に〈ぞうもむ〉と類似の表現がある。

・一門一家親兄弟が、かたづをのんで臓腑をもむとはよも知るまい。（心中天の網島・下之巻）

〈ぞうくそがわりい〉は、我慢できないほど腹立たしい、の意。すぐに解消できないような腹立ち、不快感をいきいきと表現している。〈ぞうくそ〉の〈ぞう〉も〈臓〉であろう。上品な言い方ではないが、おもしろい表現。

「耳が遠うて聴きとれざったただけぢゃに、ぼけちゅうように言われた。まっことぞうくそがわりい」

〈ろりろりする〉は、心配などのために落ち着きを失い、うろたえるさま。『日葡辞書《にっぽ》』(注)に〈ろりろり〉が掲載されており、「不安のためうろたえて歩くさま」と説明されているようであるが(国語大辞典)、語源についてはよくわからない。

「まっこと難産ぢゃった。病院の廊下でみんなろりろりして待ちよったわね」

注　一六〇三年に、日本イエズス教会が長崎学林で刊行した日本語とポルトガル語の辞書。翌年補遺刊行。(広辞苑)

35

める・たすうなる

〈める〉は〈滅る〉で、(気が)〈滅入る〉の簡略形。気落ちする・元気をなくする、の意。強調語は〈めりこむ〉。

・奥の客が大あくび、思ひのある女郎衆のおとぎで氣がめいる(近松門左衛門・心中天の網島)

・総身の活気が一度にストライキを起こした様に元気がにはかに滅入つて仕舞ひまして(夏目漱石・吾輩は猫である・二)

「こればあのことで、めるこたぁないぞね」

「えらいめりこんぢゅうが、どういたぞね?」

〈たすうなる（たっすうなる）〉は、無気力だ、の意の〈たすい（たっすい）〉から導かれた語。ひどく気落ちする、元気をなくする、などの意。〈める〉よりも、気落ちして元気のない様子をいきいきと表わしている語。

「あこの息子さん、大学三つも受けて、だめやったにかあらん。かわいそうに……たっすうなっちゅうと」

例文の〈……にかあらん〉は、……のようだ、……らしい、の意の〈土佐ことば〉。

36

てこにあわん・てにあわん

重い物体をこじあげるのに用いる棒、あるいはその仕掛けの梃子《てこ》を喩えに用いた語に、てこいれする、てこでも動かぬ、などがあるが、〈てこにあわん〉も、その一つ。〈てこにああん〉とも言う。**〈てこにあわん・てこにああん〉**あるいは**〈てこにあうか・てこにあうもんか〉**の形で、手に負えない、自分で処理できない、の意で使われる。

「あればあのわりことしは、わしゃ知らん。まっことてこにああん」

例文の〈わりことし〉は、悪さを繰り返す野性的な子供のこと。

〈手に合わない〉は、一般には、道具などが自分になじまないことを言うが（広辞苑）、土佐では、**〈てにあわん・てにああん〉**あるいは**〈てにあうか・てにあうもんか〉**の形で、手に負えない、自分では処理できない、の意で使われる。〈てこにあわん〉と類似の表現であるが、意・用法に微妙な差がある。

「おまさんらのてにあうもんかね。あたしに任しちょき。悪《わり》いようにはせんきに」

37 まどろこしい・ましゃくにあわん・しゃらくがはやい

〈まどろこしい〉は、仕事や動作が鈍くて、間に合いそうもない、物事がてきぱきと処理されないことで、苛立《いらだ》つ気持ちを表す語。

時間的に空間的に間隔のあることを示す〈まどほ〉(間遠)という語がある。形容詞は〈まどほ・し〉である(古語辞典)。土佐の〈まどろこしい〉は、〈間遠〉あるいは〈間遠し〉から創られた語と考えられる。

・児《こ》らが家道《いへぢ》やや間遠《まどほ》きをぬばたまの夜《よ》渡る月に競《きほ》ひあへむかも(萬葉集・巻三・三〇二)

・壁の中のきりぎりすだに間遠《まどほ》に聞きならひたまへる御耳に、(源氏物語・夕顔・一〇)

・昨夜《きそ》こそは児ろとさ寝しか雲の上ゆ鳴き行く鶴《たづ》の間遠《まどほ》く思ほゆ(萬葉集・巻十四・三五二二)

「そんなまどろこしいことしよって間に合うかよ」

「まっことまどろこしい。見ちゃおれん」

〈ましゃくにあわん〉の〈ましゃく〉は〈間尺〉であろう。**〈ましゃくにああん〉**とも言う。〈間尺〉は、作事の寸法、計算・割合の意で、〈間尺に合わない〉は、割に合わない、損になる、の意(広辞苑)。これと異なり、土佐の〈ましゃくにあわん〉は、間に合わない、の意である。人の動作の鈍さや、作業の遅さに苛立《いらだ》ち、顰蹙《ひんしゅく》して発する言葉である。〈ましゃくにあう〉という肯定《こうてい》的な言い方はない。

「あれは、まっことえい仕事はするけんど、のろいき、ましゃくにあわん」

〈しゃらくがはやい〉は、行動が機敏なこと。反応が早いこと。決断が早いこと。

〈去り嫌ひ〉という語がある。好き嫌い・えり好み、の意(古語辞典)。『国府村民俗語彙』に〈しゃりきらい〉が掲載されており、「◎決断　○荏苒セズ早く好悪を決スル　○去就ヲ定メル」とある。〈しゃらくがはやい〉の〈しゃらく〉の語源は〈去り嫌ひ〉で、さりきらひ→しゃりきらい→しゃらく、と転訛《てんか》したと考えられる。なお、〈荏苒《じんぜん》〉は、物事がのびのびになるさまを表す語(広辞苑)。

「これは奥さんに話したがえい。話をよう聞いてくれるし、しゃらくがはやい」

38

まてしばしがない・まてもしばしもない

〈まてしばしがない・まてもしばしもない〉は、思い立ったら一刻も猶予《ゆうよ》できない人の性格を表す語。

〈待て暫し〉という語がある。暫く待っていよ、と命ずる際に、また自らを省みて自分の行動を差し控える際に使われる語である(広辞苑)。〈まてしばしがない・まてもしばしもない〉はこの〈待て暫し〉から創られた語。

・まてしばし夜深きそらのほととぎすまだ寝覚めせぬひともこそあれ（新後撰和歌集）
（広辞苑）

・何がまてしばしの無い女でござって、（狂言・鎌腹）（広辞苑）

土佐人には、一呼吸おいて行動する、よく考えた末行動を起こすということに欠けている人が多い。行動だけではない。日常の会話の中でも、相手の話を終わりまで聞かず、待ちきれずに自分の意見を言うというような人が多い。〈まてしばしがない・まてもしばしもない〉は土佐人に多い、待ちきれない性格・行動を表すのに、具体的で当妙の言葉である。

39

へんしも・ざんじ

〈へんしも〉は、すぐに・急いで・一刻も早く、の意。土佐の日常語。

「へんしも出にゃいかん。バスに遅れる」

「もうまあお客さんが見える。へんしもかまえないかん」（急いで準備）

「へんしも、へんしも」（早く、早くと急《せ》きたてる）

〈へんし〉は〈片時〉と考えられる。〈片時〉は、本来、一時《いっとき》（今の二時間）の半分。転じて、短い時間の意に、古くから用いられてきた。

・片時あるべき心地もせで、（枕草子・二七七）

・年ごろ幼くはべりしより片時たち離れたてまつらず馴れきこえつる人に、（源氏物語・夕顔・一五）

・ただ片時の栄花とぞ見えし。(平家物語・巻第三・行隆之沙汰)

時代が下り江戸時代になると、浄瑠璃や謡曲などに、短い時間を意味する〈片時〉とともに、急がせる言葉として〈片時も早く〉が使われるようになる。

・片時も早く某は鎌倉へ立越えて、(近松門左衛門・世継曾我・第二)

・イザ松王丸片時も早く時平公へお目にかけん。(竹田出雲ら・菅原伝授手習鑑・四段目)

・片時も早く國の御事をば聞し召されたく思し召せば。(謡曲・観世彌次郎・正尊)

浄瑠璃やこれから作られた歌舞伎は、上方《かみがた》から土佐へ伝えられ、歌舞伎は、旅回り役者によるだけでなく、土地の素人役者などによって、狂言あるいは芝居という呼び方で、神社の奉納行事等で演じられたと考えられる。

浄瑠璃「菅原伝授手習鑑《すがわらでんじゅてならいかがみ》」の初演は延享三年(一七四六年)、大坂の「竹本座」と言われているが、翌延享四年に、現香美《かみ》市香北《かほく》町韮生《にろう》の大川上美良布《おおかわかみびらふ》神社境内で、狂言「菅原伝授手習鑑」が演じられたという記録がある(注)。土佐は京・大坂から遠隔の地であるとは言え、演劇等の伝わりは意外に早かったと考えられる。

神社境内等で演じられる浄瑠璃や歌舞伎(狂言・芝居)は、当時の人々にとって最高の楽しみであったと思われる。遠くの村々からも、多くの人が、聴きに、あるいは観に、押し寄せたであろう。名場面での〈へんしも早く〉という緊迫感のある文句は、人々の心に響き、浸透したに違いない。そして、〈いられ〉の多い土佐人にとって、都合のよい用語として受け入れられ、〈へんしも〉と短縮して、日常用語として定着したと考えられる。

浄瑠璃や歌舞伎などは、上方から全国各地に伝えられ、演じられたに違いない。しかし、〈へんしも早く〉が、短縮した〈へんしも〉の形で、土佐でのみ日常語として定着したということは、まことにおもしろい。夏目漱石の『虞美人草』などに、〈片時も早く〉が使われているが、急いで、の意の〈へんしも早く〉や、これを短縮した〈へんしも〉は、一般には使われていないと思われる。土佐では日常語である。

〈ざんじ〉は〈暫時〉で、暫く・少しの間、の意。

・われに暫時のいとまえさせよ。(平家物語・巻第五・咸陽宮)

・暫時の猶予を乞う。(岩波国語辞典)

土佐では〈ざんじ〉は、本来の意より時間を極めて短縮した形で、すぐに・見る間に、などの意で使われる。

「雨がきそうぢゃ。暫時傘をもって迎えに行っちゃって」

「よう売れて、棚の品が暫時のうなってしもうた」

井原西鶴の『好色一代女』に、土佐の〈ざんじ〉とほぼ同義で、〈ざんじが程に〉という語が使われている。この語が簡略化されて、土佐の〈暫時〉になったのではないか、と考えてみたが、どうであろうか。

・ざんじが程に品形《しなかたち》をそれ仕替《しか》へて、この勤めを見覚え、(井原西鶴・好色一代女・巻六)

40

びっしり・ぢょうく・じょうび

〈**びっしり**〉は、すきまなく並び、詰まっている状態を表す語。関連語に〈ひしと〉（すきまのないさま）・〈ひしひし〉（すきまなく、ぴったりと寄りつくさま）がある。（広辞苑）

土佐の〈びっしり〉は、絶え間なく・しょっちゅう、の意で、空間的な状態には使わず、時間的に密な状態に使う。

「あこのおばあちゃん。ぼけてうちへびっしり来て居り暮らす。まっことたまらん」（近所で小耳に挟んだ）

〈**ぢょうく**〉は、常に・いつも、の意。

「あこのおばあちゃん。ぢょうく集会場へ来よったが、このごろ見えんのう。病気ぢゃないかえ」

「あんたぢょうく食べゆうね。まっこと口に休みがない。糖尿になるぞね」

鹿持雅澄著の『幡多方言』（一八一七年）に、「常ニト云ヲジョウジュウ、マタヂヤウキトモ云」の記載があるという（方言辞典・土佐弁さんぽ）。

ジョウジュウは〈常住〉。仏教語で、生滅・変化なく永遠に存在することを意味する語であるが、副詞的に、いつも、ふだん、の意に用いられる（広辞苑）。

ヂヤウキは、〈常式〉が転訛《てんか》した語と考えられる。〈常式〉に、きまった方式・常の儀式の意の外に、つね・ふだん・常時の意がある（広辞苑）。

日本方言大辞典の〈じょーしき〉（常式）の欄に、次のような記載がある。

①ふだん・平生　②毎日　③いつも・常に・度々・始終

じょうせき（山梨・岐阜・香川）・じゃーしき（香川）・じょーしき（兵庫）・じょー

すけ（富山）・じょしき（香川）・じょーき（高知・徳島・香川）・じょーきー（香川）・じゃくに（鳥取）・じょーく（三重・香川・愛媛・高知）・じょーっこ（長野）

高知の〈じょーく〉の用例に、「私は此着物が好きで、ぢょうく着ている」（土井八枝・土佐の方言）が挙げられている。

〈じょーしき〉が〈じょーき〉や〈じょーく〉に、土佐では、さらに〈ぢょうき〉あるいは〈ぢょうく〉に転訛《てんか》したと考えられる。じ・ぢ・ず・づ、の〈四つ仮名〉（四濁音）を区別することが土佐方言の特徴であるが、時代とともに、じ→ぢ、ぢ→じ、の変化も起こっている。〈ぢょうく〉のように、本来の〈じ〉から〈ぢ〉に転訛した語としては、先に述べた、〈けんじょう〉→〈けんぢょう・けんぢょ〉を挙げることができよう。

〈じょうび〉は、常に・いつも、の意。〈じょうじ〉（常時）の訛《なま》り、あるいは〈じょうび〉（常日・常備）であろうか。

「あの人は写真が趣味ぢゃと。えいカメラをじょうび持ち歩きゆう」

41

でんづきでんづき・かったし

〈でんづきでんづき〉は、事が次々に連続して起こることを表す語。不幸や悪いことが連続して起こったことを嘆いて使われることが多いように思われる。

「あこのお家は、おばあさんがみてるし、子供が大けがをするし、まっことでんづきでんづきぢゃ」（〈みてる〉は亡くなる、の意）

親戚や近所にお祝いごとや不幸が続き、慶弔ごとで、今年は特に出費が多い。めでたいことであっても他家のこと、出費が嵩《かさ》むことは、わが家にとってはよいことではない。

「しょう困った。今年はまっこと、でんづきでんづきぢゃ」

〈でんづきでんづき〉の語源について、太鼓《たいこ》や鼓《つづみ》の音からとも考えられるが、私は昔の土佐の農村風景から、水車小屋での、米が搗《つ》かれる、鈍い連続の衝突音と〈搗き〉から〈でんづきでんづき〉が生まれたと考えている。

なお、土佐を舞台にした小説『一絃の琴』(宮尾登美子)には、この語は〈でん突きでん突き〉と書かれている。

〈かったし〉は、〈片っ端から〉の変と考えられる。端から次々に、の意である。単なる連続ではなく、手当たり次第に何かをする、の意を含む語。

「木が太るにや何十年もかかるに、かったし木を伐ってしまいゆう。おいちょいたらえい日陰ができるに、まっこと惜しいことをする。県や市の役人は何を考えちゅうろう」

(あるお年寄りの嘆き)

十年近く前のことである。私は妻と安芸市内原野《うちはらの》のツツジを観に行った。私が高知大学に赴任して間のない頃に、一度ここへ来たことがあるが、内原野周辺は全く一変していた。弁天池とツツジ山は整備されて公園になっている。また安芸市街からの道路も整備され、道周辺には花壇や散歩道が造られている。〈かったし〉は、その帰りのバスの中で、内原野公園や道路の工事をめぐる、あるお年寄りの嘆きから採集した語である。私は手帳にメモしつつ、自然を大切に、自然をそのまま活かした公園や道路の整備が大事だという、お年寄りの話を心打たれつつ聞いた。

42　ぼっちり・ぢょうぶに・たるばあ

〈ぼっちり〉は、ちょうど・過不足がない、の意。量的なものを主に、幅広く使われる土佐の日常語。

「年寄り夫婦にゃ。これぱあの家でぼっちりぢゃ」

「おつりがいらんように、ぼっちり出すきねえ」

「あんたくの娘さんにぼっちりと思いよるけんど、どうぞね」（縁談）

〈ぢょうぶに〉は、多めに・たっぷりと・十分に、の意。〈ぢょうぶに〉は〈丈夫に〉であろう。〈丈夫〉に、十分・存分の意の用法がある（広辞苑）。

・とても物事に丈夫に上げさせられ、（狂言・金津地蔵）（広辞苑）

「ぢょうぶにいれちょくきに、みんなで分けなさい」

「ぢょうぶにはかっちょくきね」（布地・店員さん）

〈たるばあ〉は〈足るばあ〉。〈足る〉は、十分である・満たされている、という本来の意のほかに、土佐では飽きる、の意で使われる。〈ばあ〉は、〈ばかり〉の変。……ほど、……くらい、の意の副助詞。〈足るばあ〉は、飽きるほど十分に、の意。古語の〈飽き足る〉

の意に近い。
・終日に叡覧あるになおあきたらせ給はず（平家物語・巻第六・紅葉）
「もうテレビもたった」（観るのに飽きた）
「たるばあ飲んだ」（飽きるほど十分に飲んだ）

43 ぎっしり・ぎっちり・きっちり

ここに採りあげた三語は、発音は似ているが、意・用法が異なる語である。

〈ぎっしり〉は、物が密に詰まっているさまを表す。**〈ぎっちり〉**は、言動が執拗《しつよう》に繰り返されること。仕事などを根気よく続ける、の意にも使う。**〈きっちり〉**は、しっかりと、十分に、の意。共通語の〈きちんと〉に近い。

「箱にはお菓子がぎっしり詰まっちょった」

「おまんくの蔵にゃ、お宝がぎっしり詰まっちゅうろ」

「タバコを止めないかんと、ぎっちり言いゆうけんど、あれはよう止めん」

「夜遅うまでぎっちり仕事して、ようよのかあ仕上げた」

「この子は何でもやりくさしで、きっちり仕上げたためしがない」

「きっちり結《ゆ》わえとかんと、途中で荷が崩れるぞね」

例文の〈ようよのかあ〉の〈ようよ〉は〈ようやく〉の訛《なま》り、〈かあ〉は強意の接尾語。〈やりくさし〉は、最後までせずに、途中で止めることを表す〈土佐ことば〉。

共通語の類語に〈きちり・きっちり・ぎっちり・きっしり・ぎっしり〉がある。土佐の〈ぎっしり〉とほぼ同義で、隙間なく密に詰まっているさまを表す(広辞苑)。これに対し、土佐の〈ぎっしり・ぎっちり・きっちり〉は語意がそれぞれ異なり、微妙に使い分ける。〈土佐ことば〉の表現の豊かさ・おもしろさを感じる。

44

えたれる・しょうたれる

〈えたれる〉は〈衣垂れる〉であろう。服装がだらしないさま。衣紋《えもん》がきちんと合わさっていないと、着物はだらりとしてしまらない。このさまから、〈えたれる〉が生まれたのではなかろうか。着物や服が古びて汚くなることにも使われる。

「えたれちょったら、えい着物を着ても、品よく見えんぞね」

「この服だいぶえたれてきたねえ。何年着たろう」

〈しょうたれる〉は、服装などがだらしないさまを言い、いつもだらしなくしている人を〈しょうたれ〉と言う。

〈しょうたれる〉の語源は、〈しほたる〉(潮垂る)と考えられる。〈潮垂る〉は、海水に濡れて雫《しずく》が垂れる、の意であるが、転じて、露などでしっとり濡《ぬ》れる、泣き濡れる、などの意に使われる(古語辞典)。

・露霜にしほたれて、所定めずまどひ歩く(しっとり濡れる・徒然草・三段)

・舟の端をおさへて放ちたる息などこそ、まことにただ見る人だにしほたるるに、(涙

で袖が濡れる・枕草子・三〇六〉
・「御しほたれがちにのみおはします」と語りて尽きせず。〈涙でくれる・源氏物語・桐壺〉
〈潮垂る〉は、更に転じて、様子が貧相に見える、しょぼくれて見えるに、土佐では更に転じて、だらしない様子を示す語になったと考えられる。
・形から品からしほたれて、〈貧相に見える・都の錦・元禄太平記〉〈古語辞典〉
「あの人は最近しょうたれちゅう。奥さんが入院でもしちゅうがぢゃないかね」

「あこの娘は、まっことしょうたれぢゃ。年頃ぢゃに……親はなんも言わんのかね」

45

こうべる・だてをこく

〈こうべる〉は、気どる・上品ぶる・おしゃれをする、などの意。いつも〈こうべって〉目立つ人を〈こうべり〉と言う。

めかしこんで、いそいそとどこかへ出掛ける知り合いの女性に会う。からかい気分で声をかける。

「あら……今日はえらいこうべっちゅうが……何処《どこ》へお出でゆうぞね？」

「どうゆうもんぢゃ。あれは、今日はえらいこうべって物言いゆう」〈普段とちがった、あらたまった様子で話をする〉

〈こうべる〉の語源について、桂井和雄氏は「『顔振る』の転訛と考える。『振る』は『男ブル』『威勢ブル』と同じで、あると見せかけて誇る意」としている〈土佐方言記・一九五三年)(注)。

竹村義一氏は、「頭の上からおおう意の『かぶる』は『かむる』と同義で、漢字は被・冠をあてる。ふるい形は『かうぶる』で発音は『こうぶる』となる。私はこの『こうぶる』の『頭にかぶる』意が『頭を飾る』『顔を飾る』意味に結びつかないかと考えている」と述べている(土佐弁さんぽ)。

私は、竹村氏の説に近いが、公家の正装である束帯《そくたい》・衣冠《いかん》の〈かうぶり〉(冠)に関係があるのではないかと考えている。冠は五位に叙せられて初めてかぶる。男子の元服は、初めて髪を結い、冠をつけることから〈うひかうぶり〉(初冠)と言われた。公事の際につける、改まった晴々しい正装の〈かうぶり〉が〈土佐ことば〉の〈こうべる・こうべり〉につながっているのではなかろうか。

〈こうべる〉に、妻は髪を整える姿を思い浮かべ、頭《こうべ》から〈こうべる〉が創られたのではないか、と言う。義妹は口紅を塗る姿を思い浮かべ、口紅(こうべに)から〈こうべる〉が創られたのではないかと言う。これらの考えもおもしろい。

〈だてをこく〉の〈だて〉は、人目をひくように、はでに振る舞うことの意の〈伊達《だて》〉で、〈だてをこく〉は見栄《みえ》を張って外見をかざること。おしゃれをすることである。そのような習性のある人を〈だてこき〉と言う。〈こうべる〉と似ているが、〈こうべる〉は揶揄《やゆ》の気持ちを含んで使われるのに対し、〈だてをこく〉は顰蹙《ひんしゅく》と軽蔑《けいべつ》の気持ちを少し含んで使われるように思われる。〈こく・こき〉は、そのような意を添える俗語である。

「あこの嫁さんはだてをこいて、よう出ていく……何処《どこ》へ行きゆうろう」

46

さらんてい・へちむく

〈さらんてい〉は、何でもないように装う・知らん顔をする、などの意。古語〈さあらぬてい〉が変じた語。〈さあらぬてい〉の〈さ〉は、そのように、の意の副詞。〈あら〉は、ラ変動詞〈あり〉の未然形。〈む〉は、打ち消しの助動詞〈ず〉の連体形。〈てい〉は〈体〉で、様子・姿の意。(古語辞典)

・さあらぬていにもてなして申しけるは、(平家物語・巻第九・越中前司最期)
・丸盆割りてさらぬ体に直し置き、(井原西鶴・好色一代男・巻六)

「子供が品物に触ったり動かしたりしても、母親はさらんていぢゃ。あれぢゃろくな子に育たん」(スーパーで)

〈へちむく〉の〈へち〉は、的あるいは本筋から外れた方向のこと。〈へ〉は辺あるいは端、〈ち〉は〈あち〉(彼方)、〈こち〉(此方)の〈ち〉である。〈へちむく〉は正面を向かず、横を向く、外方《そっぽ》を向く、の意。

「都合の悪《わり》い話になると、へちむいて知らん顔しゆう」

47

のうがえい（わりい）・ためがえい（わりい）

〈のうがえい・わりい〉の〈のう〉は、〈能〉。〈能〉は、仕事をする力・働き・作用・効きめなどを示す語で、次のように、〈能〉単独で用いられることもあるが、一般には、能力・才能・技能・機能・緩衝能など、熟語の形で用いられる。

・能あるあそび法師どもなどかたらひて、（徒然草・第五十四段）

・能ある鷹は爪を隠す（諺）

・只ニヤニヤして羽織の紐許り気にして居るのは、……あまり能がなさ過ぎる（夏目漱石・吾輩は猫である・三）

土佐では、〈能〉単独の形で、人の体の機能から、暮らしの中での都合の好さ・悪さまで、広範囲に用いられる。〈能〉は「まっこと能がえい言葉」である。

「このはさみ、安かったけんど、まっこと能がえい」（よう切れる）

「手のかないがわるうて、まっこと能がわりい」（あるお年寄りの嘆き）

「女房に財布をにぎられちゅうきに、まっこと能がわりい」（おかねが自由にならない）

例文の〈かない〉は〈叶い〉で、手足の働き・感覚を示す〈土佐ことば〉。

〈ためがえい〉は、建物などの保全や健康保持に、よい影響があること。**〈ためがわりい〉**は、逆に、よくない影響があること。

「家を閉《た》てたままおいちょいたら、ためがわりいぞね」（閉《し》めきっていたらよくない）

「おかずに酢を使うたら、ためがえいとテレビで言いよったぞね」(健康のためによい)〈ため〉は、〈村の為に働く〉の〈為〉のように、利益になること・役に立つこと、の意の使い方であろう。

48 ぢけがでる・まいごのしりばあまわっちゅう

土佐人は、人の言動に顰蹙《ひんしゅく》し非難するとき、りぐったり、だんつめたりすることもあるが、一方、面と向かって言葉をぶつけず、陰で、ユーモアに富んだ喩え言葉を使って、皆でその言動をちゃかし、おもしろがるというようなことがよく見られる。前著で、多くのおもしろい喩え言葉を挙げたが、ここでは代表的と思われる〈ぢけがでる〉と〈まいごのしりばあまわっちゅう〉を採りあげた。

〈ぢけがでる〉の〈ぢ〉は、〈地〉。〈地《ち》〉は本来〈天《てん》〉に対する語で、土地を意味する語である。土佐では、土地を単に〈地《ぢ》〉と言うことが多い。「雨が降って地《ぢ》が濡れちゅう」のように使う。なお、現代仮名遣いでは〈地《ち》〉の濁りは、〈じ〉である。

野菜や山菜などを、水に浸したり、煮たりすると、苦みや渋みを呈する成分が溶け出してくる。これらは食味の上で嫌われ、いわゆる〈あくぬき〉をして料理の材料にする。このような、苦み・渋みを呈する野菜などの食材の含有成分を、土佐では〈ぢけ〉という。〈ぢけ〉は〈地気〉と考えられる。〈気〉に、「実体を手にとることはできないが、その存在が感じられるもの」の意がある(広辞苑)。〈地〉の〈気〉、あるいは〈地〉に由来する〈気〉ということで、この語が生まれたのではなかろうか。

〈ぢけがでる〉は、人に対して比喩的に使われる。普段《ふだん》は隠れて見えないが、何か事が起こったときに、その人の本性のようなものが言動に表れてくることを言う。

一般の類語に、地金《じがね》が出る・鍍金《めっき》が剥《は》げる、などがある。これらは言わば物理的な表現で、土佐の〈地気が出る〉は化学的な表現と言える。人間性を表す比喩表現として、まことにおもしろい。

「びっくりするこたぁないわね。ぢけがでたがよ」(本性が現れたのだ)

〈まいごのしりばあまわっちゅう〉は、策略家を評する言葉である。〈まいご〉は土佐湾岸で獲れる巻貝の一種。〈まわる〉は、頭の回転がよい、鋭い、というような誉め言葉ではなく、策略をめぐらす方の〈まわる〉である。大人の策略家のみならず、年下の子供を使って悪さをし、自分は知らん顔してよい子を装っているような小策略家に対しても使われる。〈まいご〉のしり、すなわち貝殻の密な渦巻線をみれば、この喩えが、いかにおもしろいかがわかる。

〈ごうなのしりばあまわっちゅう〉、〈になのつべばあまわっちゅう〉と言う所もある。〈ごうな〉は〈かわにな〉、〈つべ〉は〈尻〉のことである。海に近い所と山村で、喩えに使う巻貝の種類は違うが、類似の喩え言葉が広く使われていることは、まことにおもしろい。

49 ぐじくる・ごだをいう

〈ぐじくる〉は、文句や苦情を執拗《しつよう》に言い続けること。〈くじくる〉とも言う。ぐじくる習性のある人を〈ぐじくり〉と言う。〈ぐじ〉の語源は、公務・朝廷の儀式・訴訟を表す、公事《くじ》と考えられる(土佐弁さんぽ)。〈くる〉は、繰り返す、繰り言、などの〈繰る〉。

土佐人には、物事をうやむやにしておけない、徹底せねば気がおさまらない性格の人が多い。ぐじくる・りぐる・だんつめる・ねどいする・やりすえる、などの語が日常に活きている所以《ゆえん》である。

「あれは何かにつけてぐじくるきに会には呼ばれん」(会には呼ばないようにしよう)

〈ごだをいう〉(ごだをゆう)は、身勝手《みがって》な小理屈をこねること、埒《らち》もない話をすることなど、聞く者を顰蹙《ひんしゅく》させるもの言いである。迷信を言う・御幣《ごへい》を担《かつ》ぐ、の意にも使われる。

〈ごだ〉の語源は〈御託《ごたく》〉と考えられる。〈御託〉は〈御託宣《ごたくせん》〉の略で、神のお告げのことであるが、転じて、くどくど言うこと、また傲慢《ごうまん》な言い分の意にも使われる。〈御託を並べる〉という語がある。勝手な言い分をくどくど言うことである。(広辞苑)

〈御託〉は略して〈ごた〉と言われるが、土佐では、濁って〈ごだ〉である。

「あれはごだばっかし言うて、仕事をろくにせん」

「仕事を頼んだが、ごだ言うて、こっちの言うことをよう聞いてくれん。あの人に仕事はもう頼まれん」

「あそこの家も、方角がワリーとか、年回りがワリーとか、ゴダを言うもんぢゃきに、なかなか娘の縁談がきまらなあ」(御幣を担ぐ・続 土佐弁さんぽ)

50 へごな・やくたいもない・やちもない

〈へごな〉あるいは**〈へごーな〉**は、行為や考えがよくない、たちが悪い、などの意で、人を非難する語。物の質や形が悪いことにも使われる。

「あれはまっことへごな奴《やつ》ちゃ。気つけんといかん」

「へごなのは別にしちょいて……ジャムにでもするきに」(わが家のスモモの収穫)

〈へごな〉の〈へご〉は、僻《ひが》む・僻言《ひがごと》・僻者《ひがもの》などの〈僻《ひが》〉に由来する語と考えられる。〈僻〉は、一方に偏して正しくない、の意(大字典)。〈ひがんだ〉→〈ひごーだ〉→〈へごーな〉のように変じたと考えられる(土佐弁さんぽ)。

〈やくたいもない〉の〈やくたい〉は〈益体〉。役立つこと。〈やくたいなし〉は、役に立たないこと、また、そのような人。〈やくたいもなし〉は、役に立たない・しまりがない・らちもない、の意。〈やくたいもなし〉の省略形で、〈やくたい・やくたいな〉も使われる。(古語辞典)。

・あの益体無し、しさりおれ(狂言・竹生島)(広辞苑)

・コリャねからやくたいなやつらじやわい(省略形・十返舎一九・東海道中膝栗毛・六下)

土佐では、〈やくたいもない〉で、無益な・つまらない、の意と、とんでもない、と恐縮の気持ちを伝える語として使われる。

「あれはやくたいもない話ばっかししゆう。困ったもんぢゃ」
「やくたいもない。そんなことしていただけませな。困ります」

〈やちもない〉は、〈埒《らち》もない〉の変と考えられる。〈埒〉は馬場の周囲の柵。転じて、物事のくぎり・けじめ、の意。〈埒もない〉は、筋道が立たない・めちゃくちゃだ、の意。（古語辞典）

・はてらちもない事。一たび斬ったる景清がよみがへるべきやうもなし。（近松門左衛門・出世景清・第五）

土佐の〈やちもない〉は、全く呆れる・ばかばかしい、の意で、〈らちもない〉よりも、非難・顰蹙《ひんしゅく》の気持ちがより強く入った使い方である。

「そんな話、しなさんな。やちもない……」
「あれが選挙に出るつかよ。やちもない……いれる者がおるかよ」

51

あだつ・せちこむ

〈あだつ〉は、容器や場所などに、物・人などが全部入りきること。打ち消し語は、**〈あだたん〉**。

〈あだつ・あだたん〉について、妻は、近ごろは聞いたことがないが、子供の頃、何かを袋にいれるとき、次のように使われたのを覚えていると言う。

「この袋であだつろうかね」「それぢゃあだたんろう。もっと大きいがをもってきいや」

幾井眞由美さん(香美市)から、子供の頃、川や海で水遊びをしたとき、次のように使った、というお手紙を頂いた。

「そこは背があだたんきにいかれん。こっちはあだつきにだいじょうぶ」

この例は、水深に対して、〈あだつ・あだたん〉を使っている。

平尾道雄著『龍馬のすべて』(久保書店・一九六六年)に、龍馬について、「瑞山が『土佐にはあだたぬ奴』と評した……」という文がある。高邁な思想と卓抜した行動力を持ち、土佐一国には入りきらない、大きい人物という、武市瑞山の龍馬評である。〈あだつ・あだたん〉が、広く、かつ当を得た表現に使われていて、興味深い。

〈あだつ〉の語源については、幾つかの説があるが、私は、「物を一つ一つ推しつめてみたしむること」の意の〈充〉の訓〈あつ・あたる〉(大字典)が変じた語、と考えている。

〈せちこむ〉は、狭い場所などに人を押しのけて、無理に入り込むこと。割り込むこと。〈競《せ》り込む〉が変訛《へんか》した語と考えられる。

類語に〈せちこせちこする〉がある。狭い場所に人が入って、ぶつかったり、せりあったりする、窮屈《きゅうくつ》な状態を言う。

「ここは満員ぢゃ。せちこんだらいかん」

「そんな狭い所でせちこせちこせんで、外へ出で遊びなさい」(子供たちに)

52

しのべる・かたづめる・くるめる・かためる

〈しのべる〉は、物をしまうこと。物を入れ納めること。つつみ隠す・秘密にする、の意の古語〈忍ぶ〉に由来する語と考えられる。

・いたう忍ぶれば、源氏の君はえ知りたまはず。（源氏物語・紅葉賀・一四）

「使ったら、その箱へしのべちょいて」

「ちゃんとしのべちょかんきに、しょっちゅう物を探さないかんわね」

〈かたづめる〉は、片付けること。

「えらい散らかしゆうね。早うかたづめなさいや」

土佐では、**〈くるめる〉**（包める）は、包んだり巻きこんだりして、一つにまとめることを言うが、物を片付ける、の意で使われる。なお、〈くるめる〉には、制御する、の意もあるが、これについては次の〈せいとうする・くるめる〉の項で述べる。

「まぎるきにくるめちょき」（片付けよ。〈まぎる〉は、邪魔《じゃま》になる、の意）

〈かためる〉は、身をかためる、決心をかためる、などの一般的用法のほか、物を集める・まとめる、の意で使われる。

「あとでもらいに来るきに、すまんがそれをかためちょいてや」（まとめておいてくれ）

53

かまえる・こんだてる・だんどる

〈かまえる〉（構える）は、一般には、一家を構える・身構える・上段に構える、のように使われるが、土佐では、準備する・用意する、の意で使われる。古語〈かまふ〉（構ふ）に、この意の用法がある。

・綱をかまへて、鳥の、子産まむあひだに、綱をつりあげさせて、（竹取物語・七・燕の子安貝）

・そのみそか男、こよひなんあはんとかまふる。（宇治拾遺物語・巻二・一一・明衡欲合殃事）

「ちくとかまえちゅうきに、帰りに寄ってや」（酒・さかなを用意している。帰りに寄ってくれ）

「早うかまえんと、式にまにあわんぞね」（早く準備せよ）

「息子が結婚して独立するき、家をかまえちゃらないかん。ふとい物いりぢゃ」（家を用意してやらねばならない。大きな出費だ）

〈こんだてる〉は、料理の〈献立《こんだて》〉から創られた動詞。饗応《きょうおう》の予定をたてる・馳走《ちそう》の準備をすること、であるが（方言辞典）、意味を広げ、会や旅行などについて、計画して準備する・企画立案する、などの意で使われる。

「あたしが、こんだてるきに、みんなで花見に行かんかね」（旅行）

「あの人にたのんだが、ようこんだてるろうか」（会）

〈だんどる〉は、〈だんどり〉（段取り）から創られた動詞。物事の順序・方法・進め方などを決めること。手際よく進めることを〈だんどりな〉と言う。おもしろい表現である。

「まっことようだんどっちゅう」(計画・方法が緻密で抜けたところがない)
「そこまでせんでえいが……まっことだんどりなもんよ」(少し皮肉を込めて)

54 せいとうする・くるめる

〈せいとうする〉は、制御する・支配する、などの意。〈せいとする〉とも言う。〈政道〉から創られた語と考えられるが、ふざけ気味に軽く使われる。

・旦那ばかりにはその事もゆるして、外はかたく政道して、(井原西鶴・好色一代男・巻二)

「自分の女房をようせいとせんで、えらそうなことを言いな」(街中で耳にした)

〈くるめる〉に、物を片付ける、の意のほかに、制御する、まるめこむ、の意がある。

「嫁さんをようくるめんで、どうするぜよ」(嫁さんの言いなりになるな。しっかりせよ)

55 しょい・せわない

〈しょい〉は、簡単だ・容易だ、の意。**〈しーよい〉**とも言う。使い方によって、意味が微妙に異なってくる。

「遣《や》り方はしょいぞね。誰でもすんぐにできるようになる」(簡単にできる)
「あこのお母さんはなかなかぢゃが、息子はしーよい」(母親の方は難物だが、息子の方は、

扱いが楽だ。難しいことは言わない）
「息子さんから、そうがあるかね」「ありゃしよい。電話するけんど、いつっちゃあ居ったためしがない」（たよりがあれば問題ない。心配もいらない）
例文の〈そう〉は、古語〈左右《そう》〉に由来する語。たより・連絡の意。〈いつっちゃあ……ためしがない〉は、〈いつも……（し）ない〉、を強調した土佐独特の表現。

〈せわない〉の〈せわ〉は、〈世話〉。面倒をみること・手数がかかって面倒なこと、などの意。〈せわない〉は〈世話無い〉で、簡単だ・何も言うことはない・面倒でない、などの意。〈しょい〉と似ているが、意・用法が微妙に異なる。
「おまさんがかまんならせわない。あたいらがどうこう言うことぢゃないわね」（よかれと気をもんでやっているのに。勝手にしたらよい）
「それればあのこたあ、せわない。あしが行ってたのんできちゃる」

56

やくがかかる・ろうがいく・なぐれる

〈やくがかかる〉は手間《てま》がかかる、の意。手間・手数を意味する〈手役《てやく》〉という語がある（方言辞典）。〈やく〉は〈役〉で、〈手役〉の省略形と考えられる。
「えらいやくがかかりゆうね。卵を買いにいっちゅうがやない」（ある食堂で。親子丼を注文したがなかなかできてこない）

〈ろうがいく〉の〈ろう〉は、〈労〉。手がかかる・労力がいる、の意。〈……がいく〉は、状態やその進行を表す土佐独特の言い方。ほかに、あまぐらがいく・うちぐれがいく・そんがいく、などがある。

「そんな仕方ぢゃろうがいく。こうゆうふうにやったらどうぞね」(楽な方法を教える)

〈なぐれる〉は、自分の仕事以外の事に煩《わずら》わされて、自分の時間がつぶれることを意味する語。〈なぐれる〉に、横道にそれる、の意がある(国語大辞典)。この意から、仕事の本筋から離れる、自分の仕事の時間がとられる・つぶれる、の意に使われるようになったのではなかろうか。

「子供の買い物に付き合わされて、今日はまっこと半日なぐれた」

「今日はまっことなぐれさせましたのう。ありがとうございました」

57

たいて・たかで・どだい

〈土佐ことば〉には、独特の強調語が多いが、ここでは〈たいて・たかで・どだい〉の三語を採りあげる。

〈たいて〉は、〈たいてい〉(大抵)の略と考えられる。〈たいてい〉は、通常「この事は、たいていの人が聞いて知っていた」のように、おおよそ・おおかた、の意で使われ、また「母の苦労はなみたいていではなかった」のように、打ち消し語を伴って使われる。普通ではない、という強調表現である。

土佐では〈たいて〉の形で、たいそう・たいへん、の意の強調語として使われる。打ち消し語を伴う用法の、打ち消し語を省略した形と考えられる。

「あれは、たいてふといことを言いよったが、まともに受けたらいかんぞね」(〈ふとい〉は、大きい・大きな、の意)

〈たかで〉は、〈高で〉と考えられる。この語は、江戸時代の浄瑠璃などに、たかが・せいぜい・もともと、などの意で使われている。

これと異なり、土佐の〈たかで〉は、実に・全く・非常に、などの意の強調語である。

「たかで急な坂ぢゃが、これを毎日登り降りしゆうかよ」(坂の上の家)

「たかでたまるか！　はや別れたとゆうかよ。式を挙げて一年も経たんぢゃいか」

〈どだい〉は、一般には、「どだい成功の見込みのない事業」のように、もともと・初めから、などの意で使われる。

土佐では、これと微妙に意・用法が異なり、全く……だ、というような強調表現に使われる。

「あれは、どだいなまくらぢゃ。鍛《きと》うちゃらないかん」

「どだいふとい話をしよったが、あれの話はほんとぢゃろか」

58 ほたくる・ちらばかす・つくねる・おいさがし・やりくさし

〈**ほたくる**〉は、放り捨てる、の意。放ったらかしにしておく、の意にも使われる。
「あしらの子供の頃は、学校から帰ったら、まっこと鞄《かばん》をほたくって川干《かわひ》に行きよった」
「あこの嫁さんは、しょっちゅう子供をほたくって出かけゆう。あれぢゃろくな子に育たん」

例文の川干は、香長平野で三月初め、山田堰からの水を止め、水路を補修したり、川底の泥を浚ったりする行事。川干には、川の所々に水溜まりができ、そこに魚・えび・ごり、などが集まる。これを獲るのが、子供たちの大きな楽しみであった。今は川に魚などがいない。川干の魚獲りは昔話になってしまった。

〈**ちらばかす**〉は、(物を)散らかす・乱雑に広げる、の意。自動詞〈散らばる〉を他動詞化した〈散らばらす〉が変じた語と考えられる。
「さっき掃除したばっかしぢゃに、はやちらばかしちゅう。早うかたづめなさい」

〈**つくねる**〉は、〈捏ねる〉で、粘土などを手でこね、ある形にすることを言う語。土佐では転じて、脱いだ服などを部屋の隅などに雑然と放置する、整理せずに積み重ねる、の意に使われる。
「脱いだものをつくねたまんまほたくっちゅう。まっことだらしない人ぢゃ」

〈おいさがし〉は、物を整理せずにほったらかしにしておくこと。几帳面《きちょうめん》でないこと。

「おいさがしにしとくきに、いっつも物を探さないかんわね」

「なにへん、あの人はおいさがしぢゃきに、物を頼まれんぞね」

〈やりくさし〉は、物事を最後までやらずに、途中で止めて放置すること。動詞は〈やりくさす〉。
「この子は何でもやりくさしぢゃ。きっちり仕上げたためしがない」

59

まける・まけまけ・よぼう

〈まける〉は、水などがこぼれること。共通語に〈まける〉はない。〈まく〉(撒く)から創られた独特の自動詞。**〈まけまけ〉**は、〈まける〉から創られた語。こぼれるほど一杯に、の意。

「お茶がまけたきに、すまんが拭いとうせ」

「まけまけにいれてや」(コップ酒)

醤油差しから醤油を皿などに入れるとき、醤油が醤油差しの口から外側を伝って流れ落ちることがある。このように、液体が容器などの外壁を伝って流れ落ちる現象を**〈よぼう〉**あるいは**〈よばう〉**と言う。

語源について、『土佐弁さんぽ』に、次のような見解が示されている。

①現象が似ていることから、〈よぼう〉は〈よだれ〉に語源的につながりがあるのではないか。②『土佐韮生方言辞書』(小松元比出著)に、〈よばう〉に〈余這う〉が当てられているが、漢字音の〈余〉に大和言葉の〈這う〉が続くとは考えにくい。

国語大辞典に〈よだれ〉の語源説として、「ヨヨム口《くち》から垂り出づる滴《しづく》(山彦冊子・大言海)・ヨヨと泣く時垂れる物(箋注和名抄 日本語源・加茂百樹)・ヨダレ(夜垂)の義(日本釈名・紫門和語類集)・ユルミウルホヒタレ(緩潤垂)の義(日本語原学・林甕臣)・ヨワタレ(弱垂)の義(名言通)・イヨタリ(彌垂)の約(隣女晤言)・ヨはヨロコブ(喜)の義・タレは垂の義(和句解)」の七つが挙げられているが、これらの〈よだれ〉の語源説と〈よぼう・よばう〉のつながりについて、私は理解することができない。

「漢字音の〈余〉に大和言葉の〈這う〉が続くとは考えにくい」としているが、〈土佐ことば〉には、〈衣垂《えた》れる・段《だん》つむ・理繰《りぐ》る・大損《おおぞん》まくる〉など、漢字音と大和言葉を連結した語は幾つもあり、『土佐弁さんぽ』に示された見解に私は疑問をもつ。

〈余這う〉は、むしろ〈よぼう・よばう〉の現象に合う表現で、語の成り立ちにも関係があるのではなかろうか。なお、『国府村民俗語彙』は、〈よぼう〉に〈縁這〉を当てている。

60

ちん・うまあい・とぎ

〈ちん〉は、ごく親しい間柄の意。「これとは昔からちんぢゃ」のように使われる。〈ちん〉の語源は〈知音《ちいん》〉と考えられる。自分の心をよく理解してくれる人、真の友人のことである。

中国の春秋時代、琴の名手伯牙の弾く琴の音で、友人の鐘子期は伯牙の心を理解したが、鐘子期が死ぬと、伯牙はもはや自分の琴の音を知る者はいないと悲しみ、弦を切り、再び琴を弾かなかった、という故事に由来する(古語辞典ほか)。

〈知音〉は本来、心の通じ合う真の友人を言う語であるが、時代とともに語意が低俗化し、近世には、男女の睦まじい関係にまで用いられるようになった。安永四年(一七七五年)に刊行されたわが国初の方言集『物類稱呼』に「女色の事を丹波丹後にて知音と云　父母のゆるさゞる妻をちいん女房と云」という記載があるが、各地に、男女の仲の極めて睦まじい関係を言う〈ちんちん〉という語、またこれを囃《はや》す〈ちんちんかもかも〉という語が残っている。〈知音〉はこのように語意・用法が低俗に変化したが、土佐の〈ちん〉は原義に近い。

〈うまあい〉は、うまの合う仲間、気の合う仲間を言う。「あれとはうまあいぢゃ」のように使われる。

〈とぎ〉は〈伽〉。一般には、相手になってつれづれを慰めること・看病すること、またそれをする人の意であるが(広辞苑)、土佐では、やや異なり、連れ・仲間の意で使われる。

「誰ぞとぎはできたかね?」(デイサービスへ通うお年寄りに聞く)

「とぎがあると、旅行は楽しいし、何かあっても安心ぞね」(旅行好きのおばあさん)

61 すつぶり・すめ

〈すつぶり〉の〈す〉は、素顔《すがお》・素足《すあし》などの〈素〉、〈つぶり〉は〈つむり・頭〉で、帽子をかぶらない状態を言う語であるが、雨が降る中を、傘をささずに行くこと、の意にも使われる。

「暑いき、すつぶりで行かれんぞね」(帽子をかぶらずに、外へ出るな)

「すつぶりで行たきに、たまるか、びしょぬれになったわね」(傘をもたずに出掛けた)

〈すめ〉は〈素面《すめん》〉の短縮形。しらふ。酒を飲んでいない状態を言う。

気の重い難儀な交渉ごとに、嫌でも行かなければならないというようなときに、「すめで行けるか!」という形で使われる。酒が日常に活きている、土佐ならでは、の言葉である。

結納を交わし、めでたく婚約して、あとは式を待つばかりであったが、事情ができて、婚約をどうしても解消しなければならなくなった。断りに行く使いは辛い。しかし、どうしても行かなければならない。

「こんな使いはすめで行けるか!」

62

さでる・とりつけさでつけ・さらばえる

〈さでる〉は、掻き集める、の意。漁具の〈さで〉(叉手)から創られた語と考えられる。叉手は〈叉手網〉の略。二本の竹を交叉して三角状とし、これに網を張って袋状にしたもの(広辞苑)。方言辞典にも、鮎をとる漁具として〈さで〉が出ている。

強意語に〈さであつめる・さでこむ・さでまくる〉、関連語に〈とりつけさでつけ〉がある。**〈とりつけさでつけ〉**は、あっちの物もこっちの物も持ってきて、の意。

「あとで選《え》り分けるきに、さであつめて袋へいれちょいて」(収穫)

「たまるか！　とりつけさでつけ、つけちゅうよ」(胸にも腕にも首にも、幾つものアクセサリー)

〈さらばえる〉は、掻き集めること。集めて残らず持っていくこと。語源として、川や溝の底に溜まった土砂などを除く意の〈浚《さら》える〉が考えられる(続 土佐弁さんぽ)。〈ば〉が入ることで、何かを残らず掻き集めるさまがいきいきと表現されているように思われる。私は、〈さらばえる〉は〈浚える〉と〈奪《ば》う〉が混交して創られた語と考えている。

「誰ぢゃろう？　落ち葉をさらばえて、持っていてくれちゅう」(道の清掃)

「嫁に行《い》たうちの娘は、帰るたんびに、そこらあたりの物をさらばえて持って帰りゆう」

63 かいさま・さかし・すぐい・ろくい

〈かいさま〉は、裏返し・さかさま、の意。古語〈かへさま〉(反様・返様)が変じた語。
・とみの物縫ふに……。また、かへさまに縫ひたるもねたし(枕草子・九五)
・うへのはかまをかへさまに着、……(宇津保物語)

「シャツをかいさまに着ちゅうがやない?　みょうにおかしいと思いよった」

土佐には、〈かいさまずし〉と呼ばれる〈すし〉がある。油揚げを裏返して白い方を表にし、すし飯あるいはごもく飯を包み込んだ〈いなりずし〉、タチウオの皮の方を裏に、身の方を表にして、すし飯の上に載せて作る〈おしずし〉などである。また、最近は殆ど使われていないと思われるが、〈あん〉を餅に包み込む〈あんもち〉に対し、〈あん〉を餅の表につけて作る、一般に〈おはぎ・ぼたもち〉と呼ばれる〈もち〉を〈かいさまもち〉と言った。

主として、衣類の表・裏あるいは前・後の関係を示すのに使われてきた〈かいさま〉という語が、土佐では食べ物の用語に活かされている。豊かな食文化とともに、土佐人の優れた言語感覚と創語力を感じる。

〈さかし〉は〈逆し〉で、逆さまのこと。〈逆さま〉の訛《なま》り、あるいは、逆になる・逆にする、の意の古語〈さかう〉(逆う)から創られた名詞と考えられる。

「刃物はさかしにして渡さないかんぞね」(刃先を相手の方に向けない)

「そのびん、洗ったらさかしにしちょいて」（水を切る）

〈すぐい〉は、真《ま》っすぐな・曲がっていない、の意の形容詞。真っすぐで、曲がっていないことを示す名詞〈すぐ〉（直ぐ）から創られたと考えられる。

「すぐいもんだけ、この籠に入れちょいて。良心市に出すき」（キュウリの収穫）

〈ろくい〉は、平坦《へいたん》な・まっすぐの、の意。水平なこと・平坦なこと・ゆがみなく正しいこと・真っすぐなことを示す〈陸《ろく》〉という語がある（広辞苑）。〈ろくい〉は、名詞〈陸〉から創られた形容詞と考えられる。

強調語は〈まんろくい・まんろっくい〉。〈まん〉は〈まんまる・まんまるい〉（真ん丸・真ん丸い）の〈まん〉と同じ強調の接頭語。

・ろくならん所までとて、乗り打ちをせざりけり（仁勢物語）（古語辞典）

「こっからはろくいきに、楽に歩ける」（平坦だ）

「まんろっくうに打たないかんぞね」（まっすぐに。ゲートボール）

64

たくすなる・たくすねる

〈たくすなる〉は、衣類などがくしゃくしゃに寄り集まっている状態を言う。〈たく〉は、掻きあげる、の意の古語〈綰《た》く〉と考えられる。袖《そで》や裾《すそ》などを手でまくり上げる、の意の〈たくしあげる〉、シャツの裾をズボンやスカートの中へ入れ込む、の意の〈たくしこむ〉という語があるが、これらの〈たく〉も同源であろう。

〈たくすねる〉は、衣類などをくしゃくしゃの状態に意識的にすること。〈たくしあげる〉とほぼ同義にも使われるようである。

中学・高校の女生徒に流行のルーズソックスを巡る、おばあさんと孫娘の会話。

「靴下がたくすなっちゅうやいか。みっともないきに早うあげなさいや」

「ほっちょいて、おばあちゃん。ソックスをたくすねるが今の流行よ」

65 ひこずる・ひこづる・ひこじる

〈ひこずる・ひこづる・ひこじる〉は、〈ひきずる〉(引き摺る)の訛《なま》り。〈ひこずる・ひこづる〉は他動詞的に、〈ひこじる〉は自動詞的に使われる。

〈ひこずる〉と〈ひこづる〉は、土佐方言の特徴である四つ仮名(じ・ぢ・ず・づ)の区別が揺れている、一つの例である。

「みっともないきに、靴をひこずって歩くのをやめなさい」

「自転車の紐が外れてひこじっちゅう。注意してやりなさいや」

66 おしゅびように・おせいだいて・ごいされませ

土佐の挨拶言葉には、独特で、土佐を感じさせるというだけでなく、上品で丁重、心を打つものが多い。前著で主な挨拶言葉を挙げたが、ここでは、その中の三つの挨拶用語を採りあげた。

〈おしゅびように〉は、首尾よく事が進みますように、滞《とどこお》りなく行事が運びますように、の意。結婚式に出掛ける家族の人や入学試験を受けに行く人などを、送り出すときに使われる。

私たちが結婚の媒酌をつとめたときのこと。妻が美容院で髪をセットし、着付けをしてもらって式場に向かうとき、美容師さんが「おしゅびように」と言って、送り出してくれたという。妻は、そのとき、美容師さんの言葉に心を打たれ、この挨拶言葉の温かさと品のよさを、改めて感じたという。

〈おせいだいて〉は、出掛ける人に、気をつけて行ってらっしゃい、という気持ちで使う挨拶言葉。〈せい〉は〈精〉。〈だして〉でなく〈だいて〉という言い方に、素朴さと温かみが感じられる。

「どこへおいでよります?」「ちくと息子の所へ……」

「そりゃまあ……おせいだいて……」

〈ごいされませ〉は、人の前を通ったり、会合などで、座の人の間を抜けて行くような場合に使われる。〈ご〉は〈御〉で、〈いされ〉は〈いざる〉(座る)の命令形が清音化したもの。「すみません。通らせていただきます。どうぞそのままで……」の意の使い方である。

訪問先を辞去する際の挨拶語としても使われる。「どうぞそのままで、お見送りはご無用に」ということであろう。

「ごいされませ」は、このような、〈御座れませ〉という本来の使い方のみならず、広く「ごめんなさいませ」あるいは「失礼します」の意で使われてきたようである。『土佐民話落語』シリーズ(注)にも、話の結びに「ごいされませ」が使われている。〈ごいされませ〉は、土佐を感じさせる上品な挨拶語である。

注　市原麟一郎(高知新聞社・二〇〇八年〜)

67

こぐ・まざく・わく・あらける

〈こぐ〉は、道具を使ってイモや作物の根を掘り起こすこと。作物を単に引き抜くときには使わない。例えば、サトイモの収穫は、鍬《くわ》などを使って掘り起こすので〈こぐ〉あるいは〈こがす〉で、ホウレンソウの収穫は〈ひく〉である。

〈まざく〉は、野菜などを間引くこと。〈間割く〉であろう。

「肥料が効いてきた。きおうてきたきに、ちくとまざくかね」

〈わく〉は、〈まざく〉と同義。〈分く〉であろう。作物の間隔をあけるために、一部を抜きとること。

「こないだ、わいたばっかしぢゃに、はやほこっていっぱいになっちゅう」

〈あらける〉は、作物の植え間隔をあけること。〈あらき〉は名詞で、作物と作物の植え間隔のこと。

「三十センチばあ、あらけて植えなさい」

「三十センチばあのあらきでえいろう」

68

ほこる・きおう・あぎる

〈ほこる〉は、作物がよく繁茂している状態を示す語。語源は〈秀起《ほおこ》る〉あるいは〈穂肥《ほこゆ》る〉と考えられる(方言辞典・土佐弁さんぽ)。〈秀《ほ》〉は、物の先端などの抜き出て目立つ所を言い、〈穂《ほ》〉は〈秀〉と語源は同じ(古語辞典)。〈ほきる・ほこえる〉とも言う(方言辞典)。

〈ほこる〉は、土佐のみならず、各地で使われているようである。『野菊の墓』(伊藤左千夫)に、次の文章があった。この小説の舞台は千葉県、時代は明治である。

・此の秋、民子と二人で茄子をとった畑が今は青々と菜がほきている。

「肥料が効いてきたろうか。ようほこっちゅう」

〈きおう〉は、〈気負う〉で、本来、勇み立つ・意気込むことを意味する語であるが、土佐では、これらの意のほかに、急《せ》く・作物の生育がよくなる・尿意を強く催《もよお》し急く、などの意で使われる。

「きおうてきたきに、わいたがえいぞね」（野菜の生育が目に見えてよくなった）

〈あぎる〉は、野菜が収穫適期を過ぎてかたくなること。薹《とう》がたつこと。名詞は〈あぎ〉。〈あぎる・あぎ〉の語源は、土佐の方言としても活きている、顎《あご》の古語〈あぎ〉ではなかろうか。

〈あぎる〉に、硬いものを食べて顎が疲れたようになる、の意の用法がある（方言辞典）。顎の〈あぎ〉を動詞化して創られたものであろう。この〈あぎる〉が更に転じて、作物が収穫適期を過ぎて硬くなることにも使われるようになったと考えられる。

「このお葉《は》、ちくとあぎがきちゅうけんど、よかったら食べてちょうだい」

69

いける・いかる・うもる・いやす・いやる

〈いける〉は、〈埋《い》ける〉で、物を土などに埋めること。かつては、炭火を灰の中に埋めて火種として保存することが日常的に行われた（炭火を灰にいける）。また、農家では、寒さに弱いカライモ（さつまいも）を、畑や納屋などに穴（いもあな・いもつぼ）を掘り、保温のために籾殻《もみがら》を入れ、その中へイモを埋めて保存した（イモをいける）。

〈いける〉は本来、〈生ける・活ける〉で、生かす・生かしておく・生き返らす、の意である（広辞苑）。炭火を灰に埋めて保存する、イモを穴に埋めて保存する、つまり、埋めて火・イモを生かしておくことから、埋めることが〈いける〉になり、〈いける〉を〈埋ける〉と表記し、更に、生かすことに直接関係がなくても、土などに物を埋めることに

〈埋ける〉を使うようになったと考えられる。

〈いかる〉は、〈いける〉から創られた自動詞。埋まる、の意。
「畑に穴を掘って生ごみをいけた」(埋めた)
「大雨で山が崩れて、家が何軒もいかった」(埋まった)

〈うもる〉は埋《うず》まること。古語〈埋《う》もる〉に由来する語、あるいは、現代の共通語〈埋《う》まる〉の訛《なま》りと考えられる。
「山崩れで、家が何軒も土砂でうもったと」(埋まった)

〈いやす〉は、病気や傷をなおすことを言うが、〈心をいやす〉や〈いやし〉という言葉が、精神的なストレスを和らげる、の意でよく使われる。土佐では、このような一般的用法のほか、穴を埋めるなど、物の欠陥を埋める・なおす、の意で使われる。

〈いやる〉は自動詞で、穴などが埋まること。
「この穴、早ういやしちょきなさいや。落ちてあいまちするぞね」(穴を埋める)
「植え穴を掘っちょいたが、大雨でいやってしもうた」(穴が埋まった)
「これぱあ開けちょいても、二、三年もすりゃいやるろう」(家の周りに槙《まき》を植えた。生長して樹間が埋まり、生け垣らしくなるだろう)

例文の〈あいまちする〉は、〈けがをする〉の意の〈土佐ことば〉。

おわりに

〈土佐ことば〉に関する蒐集・調査・考察の最終の締めとして、この度、『続 土佐ことば』を出版することができたことに、私は達成感とともに大きな喜びを感じている。

一九九七年、七十の歳を迎えて以来、私は〈土佐ことば〉の蒐集・調査・考察に〈いちむじんに〉取り組んできた。そして、〈土佐ことば〉の言語としての豊かさ・深さ・おもしろさを知り、正《まさ》しく〈土佐ことば〉の虜《とりこ》になった。

前著『土佐ことば』に付けた「優れた独特の言語」という副題は、私の〈土佐ことば〉に関する蒐集・調査・考察の、言わば結論である。

再三強調してきたところであるが、〈土佐ことば〉は、方言という括りでは括りきれない、優れた独特の言語である。土佐の歴史と風土のなかで培われた独特の気質をもつ土佐人が、日々の暮らしの中で、長い歴史を経て創りあげてきた、独特の優れた言語である。共通語にも他府県の方言にも、〈土佐ことば〉のような、表現が豊かで、ユーモアに富む、活き活きとした言語はないのではないか。〈土佐ことば〉は、土佐の誇るべき文化であり、土佐の宝である。大切にしなければならない。

私は、土佐の生まれ・育ちでない。言わば土佐への渡来人である。異なる言語環境で育った者の眼で、〈土佐ことば〉を冷静に客観的に観ることができたのではないだろうか。また、生活者の視点で、〈土佐ことば〉を観ることができたのではないだろうか。不遜な思いかもしれないが、私自身はこのように思い、〈土佐ことば〉との係わり・触れ合いに幸福感とともに、満足感を心に抱いている。

土佐人にとって、土佐弁あるいは〈土佐ことば〉は、日常の生活語であるから、愛着を感じておられても、そのすばらしさに気付いておられないかもしれない。私が知り、感じ得た土佐弁を構成する〈土佐ことば〉の豊かさ・深さ・おもしろさを伝えたい。そのすばらしさに心を注いでほしい。このような思いに駆られて、私は幾つかの本を書き上げた。

〈土佐ことば〉を大切に、次代へ伝えていってほしいと、私は強く願っている。生活語は勉強して修得するものではない。〈土佐ことば〉を大切に思う心と大切にする言語環境があれば、自然に身に付き、次代へも伝わっていくと思う。

土佐に来て実に六十年を越えた。高知大学に勤務し、土壌化学専攻の学究として三十九年、土佐の土壌を主な試料として研究生活を送った。退職後は、〈土佐ことば〉に魅かれて、第二の学究生活とも言うべき充実した生活を送った。土佐の女性と結婚し、二人の息子も土佐で育った。土佐との深い縁《えにし》と幸せをしみじみと感じる。土佐に深く感謝し、この著の結びとする。

謝辞

〈土佐ことば〉の蒐集・調査・考察の過程で、拙著を読んでくださった方をはじめ多くの方から、温かい励ましのお言葉を頂いた。また語意・用法や未蒐集の語についてのご教示や内容についてのご意見をいただいた。このことで、記述内容を充実させることができた。厚くお礼を申し上げる。

私の〈土佐ことば〉の蒐集・調査・考察は、旧三島村久枝(現高知龍馬空港用地)生まれで、香長平野の農村地帯の言語環境で育った妻美貴子の助けなくしてはできなかったものである。特に語の蒐集と、語の意味や語が使われる際の状況・雰囲気を伝えるのに重要な、用例の作成への協力は大きかった。妻に謝辞を述べることは、気恥ずかしくもあるが、ここに記して、感謝の意を表する。

本書の出版に当たっては、前著に引き続き、株式会社南の風社の皆さん、特に社長・細迫節夫氏、編集長・国光ゆかり氏のお世話になった。両氏は私の原稿を精細に読みこみ、内容・構成等について、懇切に適切な助言・提言をしてくださった。これによって、私の〈土佐ことば〉の調査・考察の最終の締めとしての本書ができあがった。また同社の片岡秀紀氏は、前著に続いて、内容にふさわしい、すばらしい装丁をしてくださった。ここに記して、深く感謝の意を表します。

付記　前著の『土佐ことば』と『土佐ことば辞典』において、ご了解を得た上で、用例等でご教示をいただいた方のお名前を掲載させていただいたが、〈リュウキュウ〉について教えていただいた、能勢花實さんを能勢花責さん、また〈めだれをみる〉の用例を引用させていただいた著者の浜田信男さんを浜田信夫さん、「高知県方言辞典」発行の「高知市文化振興事業団」を「高知市文化事業団」と誤記した。たいへん申し訳ないことで、ここに記し、お二人と「高知市文化振興事業団」、ならびに両著を購入してくださった方に深くお詫びを申し上げる。

吉川 義一（よしかわぎいち）

高知大学名誉教授　農学博士

1927年６月、京都市で生まれ、滋賀県湖北の伊香郡木之本町（現 長浜市木之本町）で育つ。

1952年３月、京都大学農学部農林化学科（旧制）卒業。土壌化学専攻。

1952年４月、高知大学助手（農学部土壌肥料学講座）。

助教授を経て1966年５月、教授。

1991年３月、高知大学停年退官。

その間、併任で高知大学学生部長（1978～80年）・農学部長（1984～91年）・愛媛大学教授（大学院連合農学研究科・1986～91年）

1994年４月～97年３月、野市町（現香南市）に開設された高知職業能力開発短期大学校（ポリテクカレッジ高知）校長。

妻　美貴子（みきこ・旧姓　枝常）

1936年７月、香美郡三島村久枝（現高知龍馬空港用地内）で生まれる。日章小学校、私立土佐中学校を経て、1955年３月、私立土佐高等学校卒業。

1957年４月、吉川義一と結婚。

幼・少女時代、両親が海外在住のため、祖父母に育てられる。おばあちゃん子として、香長平野の農村地帯の言語環境で育つ。

続 土佐ことば
独特の言語とその周辺

発行日：2015年２月18日
著　者：吉川 義一
発行所：（株）南の風社
〒780-8040　高知市神田東赤坂2607-72
Tel 088-834-1488　Fax 088-834-5783
E-mail edit@minaminokaze.co.jp
http://www.minaminokaze.co.jp